정보, 에너지
그리고
문명의 진보

노진서 지음

북스힐

머리말

ChatGPT-4o 출시, 중국 딥시크 R1 공개, 미국 트럼프 행정부의 '스타게이트' 프로젝트 발표, 완전 자율 주행차 시판, 생각하고 대화하며 행동하는 지능형 로봇 시연 등으로 연일 세계가 들썩이고 있다. 모두 진화하는 AI가 일으키는 전 세계적 물결인데, 물결의 속도는 빨라지고 파고는 높아만 가고 있다. 한편으로는 불안 요인이고, 다른 한편으로는 기회 요인이다. 개인도 그렇고, 기업도 그렇고, 국가도 그렇다. 불안과 걱정으로 준비를 제대로 하지 못하면 휩쓸려 가기 십상이고, 변화의 추이를 파악해 자원을 배분하고 기술을 개발하면 새로운 시대 조류에 편승할 수 있을 것이다. 이 명제는 너무나 보편타당하나 그 실행은 생각만큼 쉽지 않다. AI가 주도하는 이 정보 문명 시대에는 더욱 그러하다.

현 시대에 우리는 문명의 이기를 충분히 누리고 있다. 사회 곳곳에 정보는 넘쳐나고, AI는 개개인 또는 집단의 '결정 장애' 문제에 대한 해결책 이상이 되고 있다. 똑똑해진 휴대용 단말기와 컴퓨터, 거미줄처럼 잘 구축된 유·무선통신망을 이용해 집에서든 거리에서든 직장에서든 데이터 접속, 공유, 재생산을 실시간으로 하고 있다. 그러나 이미 익숙해진 이 일상의 모습에서 한 발짝만 물러서면 많은 근원적인 질문들이 떠오른다. “세상은 언제부터 이렇게 똑똑해진 거지?”, “무엇이 이런 똑똑한 세상을 가져왔을까?”, “인류의 미래는 무엇을 향해 갈까?” 등등. 이 간단한 질문들에 대한 대답은 단편적일 수 없다. 각자의 전문성, 경험에 근거해 나름의 답안을 제시할 수 있겠지만 특정 단면만을 조망할 가능성이 높다. 보다 다면적인 고찰이 필요하다.

이 책은 그 근원적인 질문에 대한 답을 찾아가는 여정의 기록이다. 인류 문명의 전개 과정을 살펴보고, 문명 진보의 동인, 미래를 향한 도전과 응전을 들여다본다. ‘물질 문명’에서 ‘정보 문명’으로 전환하는 과정, 그에 따른 신기술 부상과 새로운 가치의 창출, 디지털 정보 문명 시대의 모습과 다가올 미래, 정보 문명과 에너지의 상관성, 에너지 수확 기술의 진화, 에너지에 따른 문명 수준의 결정 등을 다룬다. 주제 하나하나가 다소 딱딱하다는 느낌이 들 수도 있을 것이다. 그러나 너무 걱정할 필요 없다. 일상생활이나 매스미디어를 통해 흔히 접하게 되는 상황, 인류가 밟아 온 궤적을 예시로 들어 누구나 쉽게 와 닿게 기술했다. 수식이나 물리적 이론 전개는 최대한 배제하고, 필요한 배경 지식은 간략하게 풀어서 기술했기에 읽기에 부담이 없을 것이다. 분량은 적지만 수필이나 소설을 읽을 때의 카타르시스, 전공서적을 읽을 때의 지식 축적의 기쁨, 교양서적을 읽을 때의 통찰력 증진을 고루 느낄 수 있도록 구성했다.

이 책을 읽는 누구라도 나름의 소득이 있길 기대한다. 자연계열을 전공한 학생, 사회인들은 주요 기술들의 연계성과 진화 방향에 대한 통찰을 할 수 있을 것이고, 인문계열 전공의 학생, 사회인들은 세상 변화의 기저에 흐르는 핵심 기술들이 무엇인지 파악할 수 있을 것이다. 모든 구독자들은 가속화되는 인류 문명의 진화 속도에 놀라고, 인류 문명 수준에 대한 냉철한 현실 인식에 적잖이 당황할 것이다. 하루가 다르게 새롭고 혁신적인 기술들이 출현하지만, 이는 누군가의 지속적인 투자와 헌신적인 노력의 결과라는 사실도 느끼게 될 것이다. 미래에 대한 혜안과 열정을 지녔던 이들의 투자와 노력의 결실을 오늘날 우리가 누리고 있는 것이다. 동일한 맥락에서 이 책은 미래를 위한 투자를 게을리 하지 않아야 함을 자각하게 해준다. 특별한 부존자원이 없는 우리의 현실에서는 더욱 그러하다. 단기적이고 가시적인 결과물을 위해 미래를 저당 잡는 우는 피해야 한다. 미래는 바로 앞에 와 있으며, 빠르게 스쳐 갈 것이다. 이 책은 서로 다른 위치에 있는 다양한 독자들에게 각기 다른 생각을 가져다 줄 것이다. 이런 다양한 생각, 문명의 조류를 파악하는 감각, 그 조류를 선도하는 과학자들에 대한 조용한 응원 모두 미래 준비에 귀한 밀알이 될 것이라 확신한다.

차 례

03 정보와 전력

04 전력과 에너지

05 에너지와 문명

06 미래를 위한 준비

01

인류 문명의 발자취

1. 똑똑해진 세상

오늘의 날씨가 궁금할 때 더 이상 인터넷 검색을 할 필요가 없다. 많은 가정에 설치된 인공지능(artificial intelligence, AI) 도우미에게 물으면 곧바로 지역별, 시간별 기상정보를 친절하게 알려준다. 미지의 장소를 찾아갈 때 구글이나 네이버 지도로 미리 위치를 확인한 후 길 찾기 기능을 이용하면 최단경로를 안내해 주고 정체 정보도 실시간으로 제공해 준다. TV, 냉장고 등 전자제품이나 휴대폰, 태블릿 등 휴대기기, 그리고 여기에 사용되는 각종 앱에 문제가 생길 때, 해당 회사 고객센터를 찾아도 상담원과 직접 통화하기는 쉽지 않다. 대신, 챗봇이 응대하며 문제 해결 방법을 안내한다. 초·중등교육에 AI를 접목해 개인별, 수준별 맞춤 교육을 진행하고, 의료 현장에 빅데이터와 AI를 접목해 질병 진단 및 치료 효율을 높인다. 배달 음식을 주문하면 자동으로 가까운 매장을 찾고 조리 준비부터 완료, 배달 과정까지 전체 정보를 실시간으로 제공해 준다. 해외여행 시 구글이나 파파고 번역기는 언어 장벽을 낮추어 주고, 영어 문서 작업 시 워드 프로세서는 단어 오류, 문법 오류를 찾아 정정 가이드를 준다. ChatGPT는 우리의 궁금증을 해결해 주는 수준을 넘어 시, 소설, 상황극도 써 주고, 외국 학술 논문들의 핵심 내용을 빠르게 요약·정리해 주기도 한다. 모두 우리가 살고 있는 똑똑해진 디지털 세상의 단면이다. 대부분의 사람들은 세상이 좋아지고 있다고 느낀다. 그러나 동시에 '너무나 빠르게 발전하는 기술에 뒤처지지 않을까?', '그 똑똑해진 세상에서 내 역할을 잃지 않을까?', '점점 인간성을 상실하며 기술에 종속되는 건 아닐까?' 하는 막연한 불안감도 갖는 것이 사실이다. 세상은 언제부터, 또 왜 이렇게 똑똑해진 것이고 미래는 어떻게 전개될까?

2. 반세기 전 우리의 모습

필자는 1970년대 유년기를 보냈다. 그 시절에는 종이 신문과 라디오가 정보 전달 및 공유의 주요 수단이었다. 가구당 TV 보급률은 1970년대 후반이 되어서야 50%를 넘어섰다(1970년: 6.3%, 1975년: 30.3%, *출처: 커뮤니케이션이론, 2018년 14권 4호). 한 마디로, 활자와 아날로그 기술로 소통하던 시대였다. 그러나 이런 환경에서조차 정보 접근의 보편성은 떨어지는 편이었다. 일제 강점기를 보낸 장년층 중에는 글자를 읽을 줄 모르는 사람도 꽤 있었고(광복 직후의 문맹률은 78%에 이름), 낮은 국가 생산성과 1인당 국민소득에 기인해 신문과 라디오 접근성도 제한적이었기 때문이다(1972년, 국내 총생산(GDP)=100억 달러, 1인당 국민소득(GNI)=322달러). 사람들은 소속된 지역사회, 직장 내에서 구두로 소통하며 정보를 교환하는 경우가 더 많았고 지구 반대편에서, 심지어 국내 다른 지역에서 무슨 일이 일어나고 있는지 인지하지 못하는 경우가 비일비재했다. 이렇게 지역적, 직무적으로 속박된 정보들은 주변 파급력이 낮았고 가족관계, 유대관계, 친소관계에 따라 제한적으로 전수됨으로써 광범위한 생산성 및 삶의 질 향상을 선도하지 못했다. 지식을 전수하는 교육기관들의 모습도 유사했다. 지정된 교과서를 보며, 선생님의 판서를 노트에 받아 적고, 교과서와 노트의 내용을 암기해 시험을 보는 일련의 과정으로 진행되었다. 학생들은 교과서에 기술된 제한된 내용을 언제나 정답으로 여기며 정확히 숙지하기 위해 예습·복습을 반복했다. 그 이외의 내용을 굳이 알 필요가 없었고, 따라서 수업 중 질문이 필요한 경우도 많지 않았다. 지식과 세계관의 제한이 보편적으로 이루어지고 그것이 합리적이라 인식되던 시절이라 할 수 있다.

사람들의 이동 수단 또한 제한적이었다. 우리나라 최초의 지하철인 서울 지하철 1호선은 1974년에야 개통되었고, 1980년 가구당 자동차 등록 대수는 0.07대에 불과했다. 버스가 대표적인 대중교통 수단이었으나, 버스 수는 많지 않아 출·퇴근, 통학 시간대는 몸을 움직이기도 힘들 정도로 혼잡하였다(1970년, 서울 버스대수=3,956대, *출처: 서울시, 서울교통사, 2000). 서울과 전국의 도시 및 농촌을 연결하는 교통수단은 더 미비한 상태였고, 1970년대 가장 높은 승객 수송률을 담당했던 건 경부선 비둘기호로 서울에서 부산 이동 시 6시간 이상이 소요되었다. 이로 인해 사람들은 지역 경계를 넘는 장거리 이동을 가능한 피하려 했고, 따라서 생활권은 거주지가 소속된 행정구역으로 제한되는 경향이 있었다. 매스미디어를 통한 정보 파급의 제한, 물리적 이동을 통한 인적·물적 교류 및 정보 교류의 제한, 교육을 통한 새로운 지식 흡수의 제한은 모두 사람들의 기본적인 욕망과 배치되는 것이었다. 사람들은 더 많은 지식 및 정보를 더 쉽게 흡수하여 삶의 여건을 개선하는 실질적인 가치 창출로 연계하길 원했다. 국내·외에 앞서 가는 고도 문명사회가 있다는 사실을 알게 되면서 그 사회의 일원이 되길 꿈꾸거나 현 사회의 부족을 최단기간에 개선해 동등한 반열에 올라가고자 하는 강한 열망을 갖게 되었다.

지식과 정보의 유통이 제한된 사회에서는 소수의 전문가들이 높은 대우를 받았는데 이런 기조는 기술 분야에서, 그리고 일상생활에서도 강하게 체감할 수 있었다. 가난했던 시절 기술 부국의 초석을 다지기 위해 1966년 설립된 한국과학기술연구소(KIST)의 초기 해외 유치 과학자들에게는 아파트를 제공하고, 의료보험 혜택(당시 국내에 없던 제도였음)도 받게 했으며, 국내 대학교수의 2~3배 수준에 달하는 급여를 제공했다(*출처: KIST 50년사). 선진 문물을 익혀 국가 발전에 기여하라는 목적으로 1977년 시행된 국비유학생 제도의 첫 해 선발자 12명 중 10명이 공학분야 전공자였고 이들은 모두 미국의 명문대에서 수학하였다. 삼성전자 사장과 정보통신부 장관을 지낸 진대제 박사도 첫 선발자 중 한 명이었다. 제도 시행 이후 30년 통계를 봐도 이공계열 선발자가 79.3%에 달해 압도적이었고, 유학생 중 절반 정도가 국내 대학교수로 부임해 후학 양성을 담당한 것으로 나타났다.

전문가에 대한 대우는 이런 첨단 과학기술 분야에만 국한된 것은 아니었다. 1970~80년대 빠르게 보급된 가전제품들(라디오, TV, 냉장고, 세탁기, 선풍기, 전화기, 전축)이 고장나면 주민들은 동네 전파사를 찾았고, 전파사들은 동네의 터줏대감 역할을 하며 짭짤한 수입을 올렸다. 당시 전자회사들의 AS 시스템이 미비한 상태에서 전파사 사장님들의 제품 수리 능력에 경탄을 표하는 주민들이 많았다. 비슷하게 자동차 점검·수리 엔지니어, 운전기사, 배관공, 인테리어 전문가, 목수, 미장 전문가, 미용사 등이 일상생활에서 흔히 접할 수 있었던 전문가들이었다. 물론, 이 전문가 그룹 대부분은 오늘날에도 주변에서 흔하게 볼 수 있으나 전문가로서의 대우는 1970~80년대에 미치지 못한다.

1980년 시작된 컬러 TV 방송과 1987년 가구당 컬러 TV 보급률 100% 달성은 색채가 가미된 영상정보의 흡인력을 배가했고, 여가생활 기반 및 다양성이 낮은 상황에서 많은 국민들을 TV 앞에 앉게 했다. 이 시절 각 방송사들은 여러 외화를 프로그램 편성에 넣었는데 대부분 미국 드라마들이었다. LA 경찰의 활약상을 다룬 기동순찰대, 불의의 사고를 당한 후 생명공학의 힘을 빌어 초능력을 얻게 된 소머즈(bionic woman), 천재적인 첩보원의 활약상과 기발한 문제 해결 능력을 다룬 맥가이버, USS 엔터프라이즈호의 우주 모험을 다룬 스타 트랙은 지금도 회자되는 인기 미드였다. 이런 외화들을 통해 많은 국민들은 우리와는 다른 문화, 우리보다 앞선 문명에 대한 경외감과 기존 인식·사고의 틀을 벗어난 새로운 것에 대한 동경심을 느끼게 되었다. 많은 국민들에게는 직접 체험할 순 없으나 간접적으로 정보와 사고를 확장하는 계기가 되었으며, 일부에게는 인생의 다음 목적지를 설정하는 역할도 하였다. 그래서 그런지 해외 이민자의 수는 1976년 46,533명으로 최고점을 찍고 이후 1980년대 후반까지 매년 30,000명 이상을 기록했다. 외국 대학 박사학위 취득자 수도 1980년대에 급증하기 시작해 1990년대 초 1차 피크점에 도달하였다. 2000년대는 어떨까? 해외 이민자 수는 지속 감소하여 2014년 최소인 249명으로 떨어지고 다시 상승했으나 2020년대에도 2,000명 수준을 유지하고 있다. 오히려 해외로부터 들어오는 체류 외국인 증가율이 더 빠른 상황이다.

3. 무엇이 차이를 만드는가?

사람들은 왜 시골에서 도시로 이주하는가? 왜 과거에는 미국 이민자가 급증하다가 최근에는 외국인들의 국내 체류가 더 빠르게 증가하는가? 경제적인 이유가 가장 클 것이다. 보다 나은 수입을 얻어 삶을 더 윤택하게 하려는 기본적인 욕망이 기저에 자리 잡고 있다. 물론, 교육여건, 문화여건, 기반시설 수준 등의 차이도 한 몫 한다. 이촌향도(離村向都) 현상은 우리만의 현상은 아니고 전 세계에서 공통적으로 벌어지고 있는 현상이다. 중국의 4대 초거대 도시(충칭, 상하이, 베이징, 청두)의 인구는 모두 2,000만 명이 넘고 1,000만 명 이상의 도시만 15개에 이른다. 인도의 상위 3개 도시(뭄바이, 콜카타, 델리)도 각각 인구 1,000만 명이 넘고, 주들(states)의 연방 체제로 구성된 미국도 주별로 대표 도시 2~3개에 수십 만에서 수백 만명에 이르는 인구가 집중돼 있다. 이촌향도 현상의 확장판이 저개발된 모국을 떠나(잠시 또는 영구적으로) 부유한 선진국으로 향하는 해외 이민, 해외 중·장기

체류일 것이다. 실제로 1960년대 말부터 미국 이민자의 수는 급증하기 시작해 현재 미국 전체 인구의 약 16%를 차지하며, 출신 지역별로 분류해 보면 유럽 출신자는 지속 감소하는 반면 라틴아메리카, 멕시코, 아시아, 아프리카 출신 이민자의 수는 지속 증가하는 추세다.

대도시들이, 그리고 선진국들이 갖춘 앞선 경제적 원천, 우수한 생활 여건들을 대변하는 인자들로는 무엇이 있을까? 우선, 국가나 도시의 총생산, 1인당 소득, 실업률, 평균 자산 등 거시지표들이 있을 것이다. 대부분의 사람들에게 그 구체적인 값들은 인식되고 있지 않더라도 이런 지표들의 총합으로 나타나는 가시적 경제 상황들이 특정 국가나 도시의 매력도를 결정짓는 중요 척도임은 부인할 수 없다. 하지만, 이런 지표들은 무엇이 높은 생산과 소득을 유발하는지에 대한 보다 근원적인 정보를 제공하지 못한다. 교육, 문화, 의료, 통신, 교통, 치안 여건 등 제반 생활 여건 측면에선 어떤가? 상기 경제 지표들이 근저에 작동하지만 이런 여건들을 직접 대변하진 않는다. 단위 면적당 학교, 도서관, 극장, 운동장, 공연장, 병원의 수, 인터넷과 Wi-Fi 보급률, 선생님 1인당 학생 수, 인구 천 명당 경찰관 및 의사의 수,

[그림] 시골을 떠나 도시로!

지하철 노선의 총 길이, 평균 출·퇴근 소요시간, 중·경범죄율, 스마트폰 보급률 등 다양한 지표들이 사용되고 있다. 이런 정량적 지표들은 생활 기반의 수준을 개략적으로 짐작하게 하지만 역시 정확한 상황을 설명하는 데는 한계가 있다. 단위 면적당 학교의 수가 많다고 교육 여건이 우수한 것인가? 인터넷 보급률이 높다고, 스마트폰 보급률이 높다고 통신 여건이 우수하다 말할 수 있는가? 지하철 노선의 총 길이가 길다고 교통 여건이 우수하다 단정할 수 있는가? 이런 모든 지표들은 결국 그 국가나 도시의 문명 수준을 다각도로 보여주는 것인데, 문명의 핵심에 대한 고찰이 필요하다.

4. 인류 문명의 진화

현존하는 현생 인류인 호모 사피엔스가 195,000년 전 출현한 이래(약 300,000년 전이라는 보고도 있음; Nature, vol 546, 289-292 (2017)) 인류는 전 세계로 이주하며 고유의 문명을 개척해 왔다. 인류 문명의 역사는 대체로 문자 발명 시점을 기준으로 선사시대와 역사시대로 구분한다. 다시, 선사시대는 도구 제작에 사용한 재료를 기준으로 구석기 시대, 신석기 시대, 청동기 시대, 철기 시대로 구분하나 대부분의 지역에서 청동기 또는 철기 시대에 문자를 이용한 기록이 시작됐기에 일부 구간은 역사시대와 겹친다. 그래서 고고학적으로 역사시대는 지배한 왕조 또는 문명에 따라 시대를 구분하는 것이 일반적이다. 예를 들어, 서유럽 역사를 로마 시대, 중세 시대, 현대로 구분하는 것이 여기에 속한다. 구석기 시대 인류는 끊임없이 이동하며 채집과 사냥을 통해 생계를 유지했고, 특별히, 사냥을 위한 도구로 돌을 깨서 만든 타제석기를 사용했다. 신석기 시대엔 한 곳에 정착해서 작물을 경작해 식량을 획득하는 생산경제가 시작되었다. 이때 돌을 정교하게 갈아 만든 마제석기와 진흙을 빚어 만든 각종 토기를 도구로 사용했다.

청동기 시대에는 구리, 주석같은 광물 자원을 확보해 불을 이용한 제련기술을 개발함으로써 청동제 무기류 및 생활도구들을 제작할 수 있었다. 이를 통해 농업 생산성과 군사력의 비약적 발전이 가능했고, 수메르 문명, 이집트 문명, 인더스 문명과 같은 인류의 초기 문명들을 꽃피웠다. 철기 시대는 각종 무기, 생활도구들을 철로 만들어 사용하던 시기이다. 인류는 구리에 비해 더 풍부했던 철광석을 쉽게 수집할 수 있었고, 제련술을 정교하게 향상시켜 융점이 상대적으로 높은 철을 제련할 수 있었으며, 미소 성분인 탄소 함량을 조절하여 강도 및 융점을 조절할 수 있었던 것으로 추정된다. 철기 도구들은 청동기를 빠르게 대체했고, 산업 생산성은 더욱 좋아져 그리스 문명, 히타이트 문명과 같은 여러 문명들의 부흥을 이끌었다. 사용한 도구와 거기에 사용된 재료는 인류 문명의 흥망성쇠를 결정짓는 핵심 인자였다.

그렇다면 재료 측면에서 현대는 무슨 시대로 규정할 수 있을까? 여전히 철기 시대로 보는 관점이 지배적이다. 과거와 다른 점이 있다면 사용하는 철재의 종류가 매우 다변화 되었고, 응용 분야에 맞게 합금의 조성 및 물성을 조절할 수 있는 기술들도 확보되었다는 정도이다. 이에 반해, 혹자는 플라스틱 시대로 규정하자는 의견도 개진한다. 일상생활에서 수없이 많은 플라스틱 제품들을 사용하고 있기 때문이다. 실제로 플라스틱 사용량은 모든 국가에서 1980년부터 가파르게 증가해 왔고, 현 추세가 유지된다면 향후 30년 후엔 현재 사용량의 2배 수준까지 증가할 것으로 전망된다. 그러나 2019년 기준, 플라스틱 사용량(460 Mt)은 철강 사용량(1,767 Mt)의 26% 수준으로 지배적인 재료라 말하기엔 이르다.

또 다른 사람들은 실리콘 시대로 보는 것이 타당하다 주장한다. 일부 저개발국들은 소외돼 있지만 현대 문명의 총아는 누가 뭐래도 정보통신기술(information and communication technology, ICT)이고, 그 기술의 기반이 되는 재료가 반도체 재료인 실리콘이기 때문이다. 현대의 ICT는 반도체 칩(semiconductor chip)을 통해 구현되고, 이 칩들은 단결정 실리콘 웨이퍼(single-crystalline silicone wafer) 위에 제작된다. 국제 반도체장비재료협회(SEMI)에 따르면 실리콘 웨이퍼 출하량은 2019년 저점을 찍고 이후 증가하는 추세를 보이고 있다. 2019년 출하량인 약 117억 제곱인치(11,677 MSI)를 무게로 환산하면(정확히는 질량이 맞음) 1,319 Mt이 나온다(웨이퍼 두께=0.75 mm, 실리콘 밀도=2.33 g/cm^{3}로 계산). 이는 동년 철강 사용량의 74.6%에 달한다. 상대적으로 더딘 증가율을 보일 것으로 예측되는 철강 수요(2015~2035년, 예상 연평균 성장률(CAGR)=0.9~1.2%)에 비해 빠른 증가율을 보이고 있는 실리콘 사용량 추이를 감안하면 조만간 철강 사용량을 추월할 수 있으리라 예측된다. 그렇다면 '실리콘 시대'란 명명도 전혀 어색하지 않다.

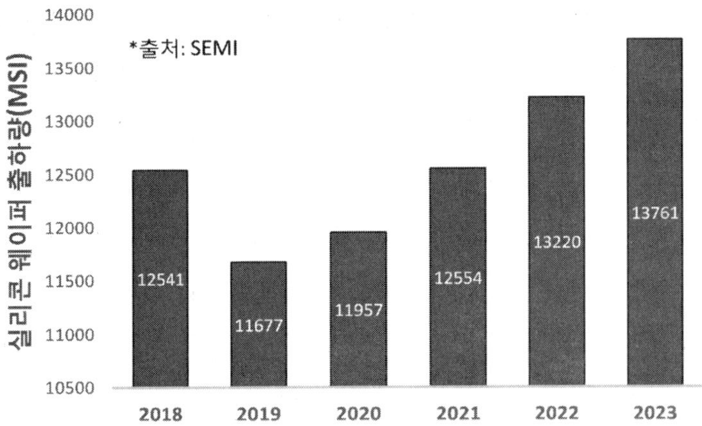

[그림] 최근 실리콘 웨이퍼 출하량 변화

5. 물질에서 정보의 시대로

우리는 사람과 사물들이 초연결되고 초지능화되며 기존 기술의 융합을 통해 유래없이 빠른 기술 진보를 이루고 있는 4차 산업혁명 시대를 살고 있다. 흔히, 4차 산업혁명을 선도하는 기술군으로 인공지능(AI), 사물인터넷(IoT), 빅데이터, 자율주행, 로봇, 드론, 가상현실(VR), 스마트시티 등을 꼽지만, 그 핵심은 인공지능, 사물인터넷, 빅데이터와 이들을 뒷받침하는 클라우드 기술이라 할 수 있다. 세계경제포럼 회장이자 '4차 산업혁명'이란 용어를 처음으로 주창한 클라우스 슈밥(Klaus Schwab)은 "유비쿼터스 모바일 인터넷, 더 저렴하고 작으면서 강력해진 센서, 인공지능과 머신러닝이 제4차 산업혁명의 특징이다."라고 말했다. 4차 산업혁명의 개화를 위해서는 인공지능 시스템, 사물인터넷용 센서, 빅데이터를 관리하는 데이터센터 등 하드웨어의 구비가 선결되어야 하지만, 그 중심에는 새로운 정보의 실시간 생산, 공유, 융합, 처리가 자리하고 있다. 예를 들어, 냉장고에 사물인터넷 기능을 접목하면 내부 식재료 및 음식 변동 상황을 외부 디스플레이나 스마트폰에 실시간으로 표시해 주고, 폐기하거나 추가할 아이템도 권고하며, 집 안 온도 센서의 정보를 받아 에어컨이나 난방기를 자동 작동시킬 수 있고, 미인지 상태에서 가스레인지나 인덕션 주변이 과열되는 경우, 그 주위 센서의 정보를 실시간으로 전송받아 가스나 전기를 자동 차단할 수도 있다. 이런 일련의 과정들은 우리 생활을 보다 편리하고 안전하게 해 주지만 엄청난 양의 데이터 취급은 필수 불가결하다. 센서가 내용물이나 온도를 감지하고(데이터 생산), 그 정보를 다른 기기나 메인 프로세서에 전송하며(데이터 전송 및 공유), 그 정보의 정상 유무를 판별하고(데이터 처리 및 융합), 비정상 시 조치 명령을 해당 기기에 전송하고(데이터 전송), 생산된 정보 및 처리 정보를 어딘가에 저장해야(데이터 저장) 한다. 인공지능, 스마트팩토리, 스마트시티, 자율주행, 가상현실이 구현되는 과정도 모두 비슷하다.

일상의 삶을 조망해 봐도 모든 현장에서 다량의 정보가 취급되고 있음을 인지할 수 있다. 집에서 TV를 시청하고, 직장이나 학교에서 컴퓨터로 작업을 하며, 이동 중이나 휴식 중에 스마트폰으로 유튜브를 보고, 수시로 친구들과 메신저로 대화를 하며, 저녁에는 SNS로 다양한 사람들과 정보를 공유한다. 관광, 쇼핑, 외식 중에 사진이나 동영상을 찍고, 길거리를 걷거나 건물 안에서는 수시로 폐쇄회로 TV(CCTV)에 움직임이 녹화된다. 2023년 말 기준, 서울시 각 자치구에서 설치한 CCTV는 총 99,513대에 달한다고 한다. 사적으로 설치한 CCTV는 제외한 수치다. 개개인이 매일같이 생산 또는 이용하는 데이터의 양도 참으로 방대하다. 많은 경우 무선 통신망을 이용해 데이터에 접속하거나 데이터를 공유, 재생산한다. 그에 기인해 1인당 무선 데이터 사용량은 급증해 왔고, 2023년 12월 기준 18 GB에 도달했다. 이는 불과 5년 전인 2018년 데이터 사용량의 3배에 달하는 수준이다. 오죽하면 사용하는 데이터 양에 따라 각 통신사의 스마트폰 요금제가 달라지겠는가?

많은 전문가들이 철강, 합성섬유, 반도체, 범용/엔지니어링 플라스틱, 나노소재, 유리, 시멘트, 복합재료 등 다양한 범주의 무수히 많은 물질 연구 및 생산에 종사하고 있다. 그 덕분에 우리 삶의 물리적 플랫폼은 과거에 비해 엄청난 진보를 이루었고, 의식주 및 기본 생활환경에서 큰 불편함 없이 살 수 있게 되었다. 그러나 생활 수준의 이 급격한 진보가 물질의 진보에 기인한다고 느끼는 사람은 별로 없다. 물질의 진보는 장기간에 걸쳐 소리 없이 천천히 진행돼 왔기에 피부로 느껴지지 않았고, 반면에 최근 정보 문명의 진보는 급진적이면서도 서로 간의 공유 과정을 통해 진행되었기에 대다수가 강하게 느낄 수 있었기 때문일 것이다. 생활하면서 '데이터', 'Wi-Fi', 'SNS', '카톡', '5G', 'LTE', 'Windows 10', 'AI'와 같은 단어를 사용하는 경우는 많지만 '철', '스테인리스강', '실리콘', '세라믹', '강화콘크리트', '탄소나노섬유', '그래핀'과 같은 단어를 쓰거나 듣는 경우는 많지 않다. 그나마 '플라스틱'이란 단어의 범용성은 예외적이다. 말은 한 시대의 시대상을 잘 표현해 준다는 측면에서 범용 단어의 변천을 통해서도 '물질의 시대'에서 '정보의 시대'로의 역동적 전환을 엿볼 수 있다.

[그림] 일상 생활 중 흔히 접하는 심볼들

6. 정보의 가치

이렇게 일상적으로 누구나 취급하고 있는 정보의 가치는 어느 정도일까? 고전적인 유형의 제품을 '물리재'라 한다면, 사고 파는 정보는 '정보재'라 칭할 수 있다. 넷플릭스에서 제공되는 동영상, 여러 사이트에서 다운로드 할 수 있는 각종 비디오 및 오디오 자료, 소프트웨어 기업에서 판매하는 각종 프로그램, 산업 영역별 동향 및 수요예측 자료, 고급 투자정보 등 다양한 정보재가 거래되고 있다. 대부분의 사람들은 회원 가입의 형태로 다양한 정보에 접속하거나 필요한 정보재를 건별로 구매한 경험이 있을 것이다. 그런데 지불한 비용 대비 정보 만족도는 사용한 정보별로도 다르고 사람별로도 다르다. 이것이 정보재의 특징 중 하나다. 성능이 명시되고 구별되는 물리재와는 달리, 정보재는 사용해 보기 전 만족도를 예측하기가 쉽지 않다. 경험을 통해 그 가치가 인정되고, 가치가 인정됨에 따라 수요는 늘어 가치의 추가 상승이 유발되는 구조이다. 사람들은 새로운 윈도우 버전을 개발하거나 영화 한 편을 스트리밍 서비스 해 주는데 드는 비용을 알지 못하고 큰 관심도 없다. 그로부터 얻을 수 있는 효용에 관심이 있을 뿐이다. 2023년 4분기 마이크로소프트의 영업이익률은 클라우드 사업에 힘입어 43.2%를 기록했고, 2024년 1분기 아마존 AWS(Amazon Web Services) 사업부의 영업이익률도 37.7%에 달했다. 토요타자동차, 현대자동차 등 글로벌 자동차메이커의 영업이익률이 10% 전후인 점을 감안하면 상당이 높은 수준이다. 이는 제품 원가에 관련된 사안이면서, 정보재의 또 다른 속성을 암시해 준다. 자동차나 전자제품과 같은 물리재 생산을 위해서는 막대한 초기 투자와 시설 관리비, 인건비에 더해 원부자재 투입이 필수적이다. 자동차 1대를 생산하기 위해서는 차체, 엔진, 변속기, 조향장치, 현가장치, 제동장치, 바퀴, 배터리 및 많은 반도체 칩들이 필요하고 이 부품들의 총 단가는 피할 수 없는 원가 구성 요소이다. 정보재 또한 초기 투자와 시설 관리비, 인건비는 기본적으로 필요하나 정보 생산을 위해 원부자재가 필요하지는 않다. 정보재를 USB나 CD와 같은 이동식 저장장치에 담아 판매하는 경우 드는 약간의 비용 정도이다. 물리재와는 달리 정보재는 쉽게 복제가 가능하기 때문에 동일 정보를 다량 복제해 유·무선을 이용, 서비스하면 높은 수익을 창출할 수 있다. 이것이 정보재 취급 기업들의 이익률이 전반적으로 높은 이유이다. 물론, 높은 이익률 달성을 위해서는 판매하는 정보의 효용성이 높아야 함은 기본이다.

정보는 사고 팔 때만 가치가 있는 것일까? 그렇지 않다. "며느리도 모른다"는 조리 비법, 지역별 전통주 양조 비법, 도자기 제작 비법,

전통 직물 직조 비법 등 많은 비법들은 다년간의 경험을 통해 구축한 고유의 기술들이다. 이를 세계로 확장하면, 스위스의 롤렉스, 파텍필립 같은 명품 시계산업, 이탈리아의 스트라디바리우스 같은 명품 악기산업, 프랑스의 에르메스 같은 명품 가방산업 등 특화된 명품 수공업들이 떠오른다. 모두 오랜 기간에 걸쳐 기술을 축적하고 그 기술을 후대에 전수해 가업으로 발전시킨 성공 사례들이다. 중요한 건 '어떻게 기술을 축적하고 후대에 전수할 수 있었느냐?'이다. 기술을 소위 '감'으로만 느끼고 말로만 전수했다면 동일 기술이라 할지라도 사람에 따라 다르고, 동일인이라 할지라도 시행 횟수에 따라 기술 품질이 달라지는 결과가 초래됐을 것이다. 사용한 재료, 절차, 작업 조건들이 명료하게 정리되고 문서화되면서 기술의 파급력은 배가될 수 있었다. 기존의 감각적 노하우(know-how)가 객관적 정보로 전환된 것이다. 이렇게 구축된 정보들은 거래되지는 않지만 돈으로 환산할 수 없는 귀한 가치를 지녔음은 분명하다.

비단 가내수공업에 국한된 문제가 아니다. 오늘날의 ICT 문명 황금기를 이끈 반도체 칩 제조공정을 예로 살펴보자. 반도체 칩은 칩의 목적에 따라 상이한 크기, 구조, 공간밀도의 단위 소자들이 서로 다른 설계도에 따라 유기적으로 상호 연결돼 있는 집적소자이다. 그 제조공정은 산화, 노광, 식각, 증착, 이온 주입, 금속 배선, 패키징 등 주요 공정으로 구성되는데, 세부 공정을 포함하면 보통 2,000 스텝 이상의 복잡한 과정으로 진행된다. 전체 칩의 설계도는 한 번에 구현될 수 없고, 보통 30장 이상의 포토마스크(레티클)에 나누어 수용되며 이 포토마스크들을 이용 노광공정이 진행되고 후속 식각공정을 통해 실리콘 웨이퍼에 패턴이 전사된다. 칩의 설계도, 포토마스크 레이아웃(layout), 공정 흐름도, 각 공정 조건은 모두 핵심 정보에 해당하는데, 엄청난 투자와 R&D를 통해서만 축적될 수 있다. 그렇기에 이런 정보들은 거래될 수 없고, 그 가치는 반도체 칩의 총 개발비에 비견될 수 있을 것이다. 이런 상황은 경중이 있을 수는 있어도 모든 산업 분야에 공통적으로 적용될 수 있다. 즉, 제조업을 위시한 전 산업 분야에서 기술 정보의 양과 질은 사업의 성패를 가름할 정도로 중요하다.

02

정보의 역사

1. 정보 유동성

오늘날 정보는 다양한 형태로 생산, 교류, 저장된다. 학생들은 교재를 이용해 학습하고, 직장인들은 워드 프로세서로 문서 작업을 하고 내부 전산망을 통해 서로 교류한다. 초등학생들이 쓰는 일기, 포스트잇에 적는 이름과 전화번호, 페이스북이나 인스타그램에 올리는 여행사진, 버스나 지하철을 탈 때 이용하는 교통카드, 물건 구매 시 결제수단으로 사용하는 신용카드나 앱카드, 기념일에 보내는 수기 또는 모바일 축하카드, 인터넷 뱅킹을 통한 거래기록 등 수없이 많은 행위들이 정보를 생산하고 교류, 저장하는 과정으로 이루어진다. 한 마디로 겉보기엔 물리적 행위이나 대부분은 정보를 이용하거나 교류하는 행위들이다.

재미있는 사실은 정보 유동성이 대도시에 비해 시골지역으로 갈수록 현저히 떨어진다는 것이다. 낙후된 시골지역일수록 노년층이 대부분을 차지하고, 이들의 디지털 문해력은 낮은 편이며, 정보통신 기기의 보급률 및 인프라도 상대적으로 낮다. 이들 지역에서는 스마트폰보다는 유선전화를 통해 통신하고, 유튜브를 보는 사람은 드문 반면 TV 시청자 수는 많고, 금융 거래를 위해 여전히 은행을 직접 방문하는 걸 선호하며, 물건을 구매하거나 교통수단을 이용할 때 여전히 현금을 사용한다. 이웃 간의 정서적 유대감과 지역 공동체 의식이 강해 직접적 대면을 통해 대화로 의사소통하고 문제를 해결하는 경우가 많으며, 디지털에 대한 신뢰보다는 사람에 대한 신뢰를 강하게 느낀다. 중요한 정보를 취득했을 때, 휴대폰이나 컴퓨터에 기록하는 대신 노트나 달력에 수기로 기록하는 경우가 훨씬 더 많다. 대도시에 사는 젊은이가 시골을 찾았을 때 느끼는 무료함의 원천은 인프라의 부족만은 아니다. 그들에게 시골의 시간은 도시에 비해 느리게 흘러간다고 느낄 수 있고, 도시에 최적화된 시간·환경 인식 DNA들이 새로운 환경에 제대로 적응하지 못할 수도 있다.

이렇듯 도시와 시골지역 간의 정보 유동성 편차는 자명하다. 디지털 문명이 빠르게 전파된 도시와 아직 아날로그 잔재가 많이 남아 있는 시골, 다수의 개인 사이 비접촉 디지털 통신을 통해 교류하는 도시와 대면 접촉과 대화를 통해 지역사회가 교류하는 시골, 물리적 거리가 소통의 장애요인이 되지 않는 도시와 중요 장애요인이 되는 시골 등 두 지역 간 사회적 특징은 확연히 다르다. 한 집안이나 같은 사무실 안에서도 말 대신 카톡을 사용해 대화하는 모습은 도시 생활의 웃픈 풍경화라 할 수 있다. 반면 시골에서는 문제가 있을 때마다 당사자끼리 대화를 주고 받으며 해결해 나간다. 물론 말에도 정보 전달 기능이 있다. 그러나 이런 구술적 정보들도 어디엔가 기록될 때 정보로서의

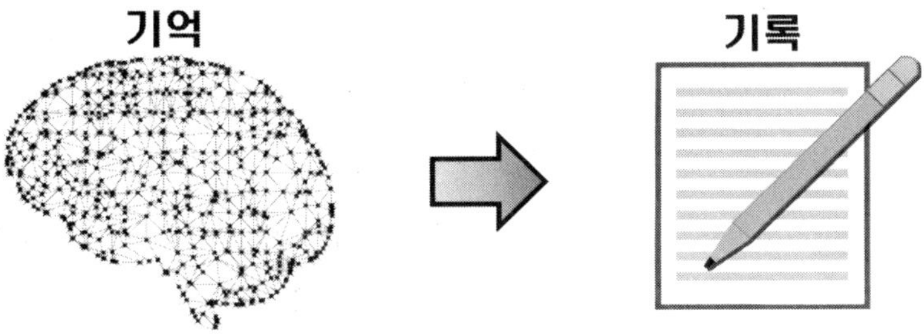

[그림] 기억을 기록하는 정보화 과정

가치가 발현된다. 대화 중 취득한 정보를 일차적으로는 뇌에 저장하고 그 저장 정보를 다른 매체에 옮겨서 기록해야 한다. 인간의 뇌는 1,350 cc 정도의 용량으로, 이론적으로는 2.5 PB(=2.5×10^{15} bytes)의 저장 용량을 가지나 그 중 극히 일부만을 사용하고 기억 존속기간이 길지 않기에 뇌에 저장된 정보는 소실되기 쉽다. 그렇기에 기록이 중요하고 인류는 기록할 매체와 방법을 찾기 위해 끊임없이 노력해 왔다. 기록된 정보는 구술 정보와는 달리 시대와 지역을 초월한 파급력을 갖기 때문이다.

2. 기록의 역사

인류의 먼 조상들은 어떻게 소통했을까? 구석기 시대 사람들도 함께 사냥을 하기 위해, 그리고 함께 도구를 제작하기 위해 몸짓과 음성 언어를 사용해 간단한 소통을 했을 것으로 추측된다. 고고학적으로 음성 언어가 출현한 시기는 기원 전 10만 년~5만 년으로 추정하나, 당시에는 오늘날처럼 잘 정비된 언어 체계가 없었기에 아주 단순한 의사소통만 가능했을 것으로 여겨진다. 음성 언어의 시·공간적 제약성을 극복하기 위해 기원 전 3만 년 경 동굴의 벽에 그림이나 기호를 새긴 동굴벽화가 등장했다. 동굴벽화의 진전된 모습인 암각화가 등장한 시기는 기원 전 1만 년 전후로 추정된다. 그러다가 사물의 모양을 단순화한 기호를 사용함으로써 뜻을 전달하는 표의문자가 기원 전 5,000년쯤 등장했고, 이는 설형문자, 상형문자의 기초가 되었다. 이때부터 단순한 사건에 대한 그림 표현을 넘어 사건들의 시계열적 배열이나 사건들로 구성된 스토리 기술이 가능해졌다.

동굴, 암벽과 같은 자연물을 그대로 사용하지 않고 일정한 가공을 거쳐 제작한 최초의 기록매체는 점토판이다. 티그리스강과 유프라테스강 인근 유역에서 발원한 세계 최초 문명인 수메르 문명에서는 주변의 풍부한 점토를 이용, 점토판을 만들고 여기에 설형문자를 사용해 기록을 남겼다. 그 유래는 기원 전 4,000년~3,500년으로 거슬러 올라가고 기원 전 1세기까지 사용된 것으로 추정된다. 비슷한 시기에 또 다른 고대 문명인 이집트 문명에서는 '파피루스(papyrus)'라는 매체에 그림과 상형문자를 사용해 신화의 내용, 왕과 개인의 업적 등 다양한 내용을 기록했다. 파피루스는 나일강 유역에 자생하던 갈대과의 식물로 이를 가공하여 만든 것이 기록매체 '파피루스'이다. 파피루스는 종이 이전에 종이와 가장 유사한 형태의 기록매체인데, 종이의 영어 단어인 'paper'의 어원이 되기도 한다. 파피루스가 등장한 시기는 기원 전 3,000년 전후로 추정된다. 파피루스는 취급이 용이하고 저렴했으나 생산지가 나일강 유역에 국한됐고 습기에 취약한 단점이 있었다.

기원 전 수세기 경 이집트가 파피루스 수출을 제한하자 소아시아

페르가몬에서는 새로운 기록매체인 양피지를 사용하기 시작했다. 양피지는 양의 가죽을 벗긴 다음 석회로 표백 처리하고 건조시켜 만든 기록매체로, 질기고 수명이 길어 유럽으로 전파된 후 중세 유럽에서 많이 사용되었다. 동아시아에서는 종이 이전의 최초 기록매체로 죽간을 사용했다. 죽간은 대나무를 길게 잘라 만든 것으로, 상나라 시기인 기원 전 13세기에 쓰기 시작해 그 후 약 1,700년 간 사용되었다. 기원 전 213년, 진시황의 분서갱유 사건 때 불태워진 기록물이 바로 죽간에 쓰여진 것들이었다. 그러다 서기 105년에 중국에서 종이가 발명되었다. 후한 시대 환관이었던 채륜은 식물에서 섬유를 얇게 걸러내 건조함으로써 종이를 만들었는데, 그가 만든 종이는 '채후지(蔡侯紙)'라 불리기도 했다. 종이는 가볍고 저렴하며 질겨 이전의 목간이나 비단같은 기록매체를 빠르게 대체했으며, 중앙아시아 사마르칸트를 거쳐 12세기에 유럽으로 전파된 후 가장 보편적인 기록매체로 자리 잡았다.

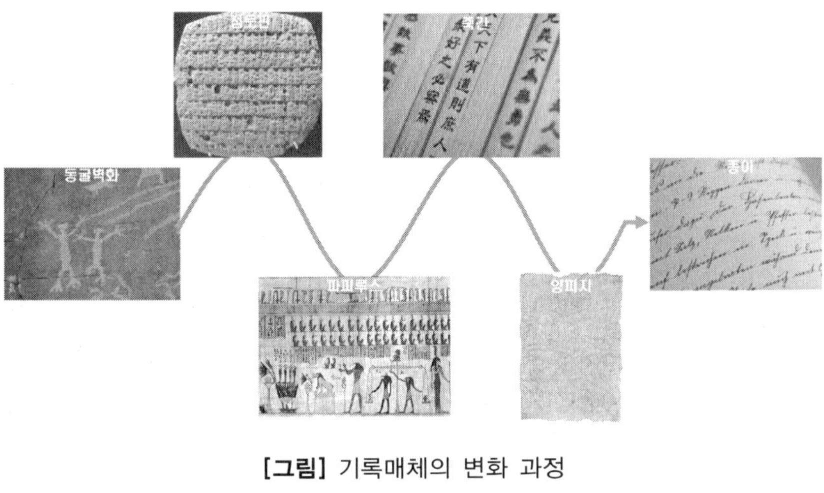

[그림] 기록매체의 변화 과정

기록매체뿐 아니라 기록 도구도 발전해 왔다. 동굴벽화나 암각화를 그릴 때에는 막대기와 뾰족한 돌을 사용했고 목탄, 흙, 식물성 염료를 이용해 채색을 했다고 한다. 인류 최초의 필기구는 막대기와 돌이었던 셈이다. 수메르인들이 점토판에 설형문자를 쓸 때에는 끝이 뾰족한 나무, 갈대, 금속 등을 사용했는데, 그 끝을 점토판에 대고 꾹꾹 눌러 문자를 썼기에 문자 모양이 쐐기모양으로 나왔다. 이런 이유로 그 문자를 쐐기문자(설형문자의 다른 표현임)라고 하고, 사용한 도구들을 스타일러스(stylus)라 한다. 이집트에서는 파피루스 발명 후 얼마 지나지 않아 목탄과 태운 동물 뼈를 곱게 으깨 최초의 잉크를 만들었다(기원 전 2,500년). 필기구로는 기원 전 2,000년경에 갈대 펜이 등장했는데, 그 이후 갈대 펜은 대나무 펜으로 진화했다. 대나무 펜은 한쪽을 경사지게 깎은 상태에서 안쪽 통로로 잉크를 흘려보내 문자를 쓸 수 있었다. 현대식 필기구의 기원이라 할 수 있다. 서기 500년경 깃털 펜이 등장했는데, 펜의 영어 단어인 'pen'은 깃털이란 뜻을 가진 라틴어 'penna'에서 유래된 것이다. 깃털 펜은 오랜 기간 사용되다가 18세기 금속 펜촉이 나오면서 자취를 감추게 되었다. 오늘날의 연필이 발명된 것은 1564년 영국에서 질 좋은 흑연 광산이 발견되고 2년 뒤 이를 가공해 나무 조각 사이에 끼워 넣어 사용한 것이 시초이다.

위에서 기술한 필기구들과 잉크는 정보 기록을 위해 유용하게 사용된 도구들이다. 그러나 이런 도구들로는 다량의 정보를 다량으로 만들어 내는 데 한계가 있었다. 각종 종교 경전, 학교 교육을 위한 교육서적, 삶의 지표가 되는 교양서적, 관공서의 법전 등 중요하면서도 많은 사람들에게 배포해야 하는 정보들은 펜으로 기술하는 데는 한계가 있었다. 그래서 등장한 것이 인쇄술이다. 인쇄술을 이용해 인류는 동일 내용을 짧은 시간에 반복적으로 찍어낼 수 있었다. 최초의 인쇄술은 목판 인쇄술로 나무로 깎은 판에 먹물을 입혀 종이에 인쇄하는 방법인데, 751년 신라에서 제작한 무구정광대다라니경이 최초의 목판 인쇄본이다. 그 다음 등장한 금속활자 인쇄술 또한 우리가 처음으로 개발하였다. 고려시대인 1377년, 청주 흥덕사에서 제작한 '직지심체요절'이 최초의 금속활자 간행본인데 인류 역사 발전에 기여한 점을 인정받아 유네스코 세계기록유산에 등재되었다. 그러나 세계적으로는 독일의 구텐베르크 인쇄기를 최초의 대량 금속활자 인쇄기로 인정하고 있다. 구텐베르크는 1452년부터 3년에 걸쳐 '구텐베르크 성서' 180부를 인쇄했는데, 이것을 계기로 금속활자 인쇄술이 세계로 전파되어 그 후 50년 간 3만 종의 책이 총 2,000만 부 인쇄되었다고 한다.

3. 디지털 정보 처리법의 등장

종이에 연필, 펜 등으로 필사하거나 인쇄술을 이용, 다량의 정보를 찍어내는 방식은 20세기 전반까지 정보를 기록하고 유통하는 주된 방법이었다. 그러다 1950년을 전후해 전자식 정보 처리법이 등장했다. 그 시초는 컴퓨터의 등장이라 할 수 있다. 최초의 컴퓨터는 1946년 만들어진 에니악(ENIAC)으로 30톤짜리 대형 컴퓨터였다. 여기에는 진공관 18,800개, 기계식 스위치 6천 개, 메모리용 저항 7만 개가 사용되었고 소비 전력은 150 kW에 달했다. 과도한 전력 소비로 에니악 가동 시에는 주변의 가로등이 꺼지는 일도 있었다고 한다. 그럼에도 불구하고 그 성능은 오늘날의 전자계산기에도 미치지 못하는 수준이었다니 일견 역설적이다. 트랜지스터(transistor)의 발명과 진화는 컴퓨터의 성능을 획기적으로 향상시켰다. 트랜지스터는 전기적 스위칭과 전압 증폭 작용을 하는 반도체 소자로, 1947년 미국의 벨 연구소에서 윌리엄 쇼클리, 존 바딘, 월터 브래튼에 의해 발명되었다. 트랜지스터는 진공관의 역할을 대체하며 과다한 소비전력 및 발열 문제를 해결하였고 크기도 훨씬 작게 줄일 수 있었다. 트랜지스터 발명 11년 후인 1958년, 미국의 잭 킬비는 게르마늄(Ge) 칩 위에 전자 부품들을 알루미늄 선을 이용, 하나하나 연결함으로써 최초의 집적회로(integrated circuit, IC)를 구현했다. 불과 6개월 후 미국의 로버트 노이스는 실리콘 산화물 막과 내부 금속 배선을 이용해 실리콘 칩에 소자들을 집적하는 현대의 IC와 유사한 집적회로 특허를 출원하였다. 이후 IC는 발전에 발전을 거듭하며 집적도는 높아지고 전력 소비는 줄며 성능은 좋아지는 방향으로 진화해 왔다.

사실 컴퓨터의 이론적 기반은 1936년 앨런 튜링이 제안한 튜링 머신이라 할 수 있다. 튜링은 정보를 저장한 '테이프', 테이프의 정보를 읽는 '헤드', 머신의 상태를 기록하는 '상태 기록기', 특정 기호를 읽었을 때의 행동을 지시하는 '행동표'로 구성된 똑똑한 기계인 'a-machine'을 구현할 수 있다고 제안한다. 나중에 존 폰 노이만은 이를 좀 더 구체화하여 폰 노이만 컴퓨터 구조를 발표한다. 이 구조에 따르면 컴퓨터는 중앙처리장치(CPU), 메모리, 프로그램의 세 가지 요소로 구성되고, 접근 가능한 메모리에 저장된 프로그램에 따라 CPU는 순차적으로 계산을 진행할 수 있다. 그 후 폰 노이만 구조는 현대식 컴퓨터 아키텍처의 기본이 되었다. 최초의 컴퓨터인 에니악은 스위치와 전선 연결 방식을 수동으로 바꿔가며 프로그램을 실행했다는 측면에서 현대식 컴퓨터의 동작 방식과는 거리가 멀었다.

폰 노이만 구조를 실현하기 위해서는 CPU, 메모리, 프로그램의 개발이 모두 필요했다. 최초의 상업용 CPU는 1971년 출시된 '인텔 4004' 였는데, 10 μm 공정으로 2,300개의 트랜지스터를 집적해 제작했고 4비트 데이터로 연산하고 최대 5,120비트의 램에 접근할 수 있었다. CPU가 작동하기 위해서는 메모리와의 긴밀한 협업이 필요하다. 메모리에 저장된 프로그램 명령어들은 CPU와 연결된 외부 버스를 따라 순차적으로 이동해 CPU 내부 레지스터에 저장되고 명령어에 따라 산술논리연산장치(ALU)가 실행된다. 내부 제어장치는 명령어들을 해석해 그에 맞는 전기 신호를 순차적으로 발생시키는 역할을 한다. 이 과정에서 필요한 데이터를 메모리에서 불러와 또 다른 내부 레지스터인 누산기에 저장하고 연산 후 결과 데이터를 메모리로 반환하는 작업들이 반복적으로 수행된다. 인텔은 첫 작품인 '4004' 이후 8비트 '8080', 16비트 '80286', 32비트 '80386', '80486', '펜티엄', 64비트 '아이테니엄'을 연달아 출시하며 오늘날까지도 CPU 최강자의 자리를 지키고 있다. 컴퓨터의 운영체제 측면에서는 1970년대 UNIX OS가 개발됐고, 1980~90년대 개인용 컴퓨터의 보급 확대로 MS-DOS와 Windows OS가 대중화 되었다. 이때부터 GUI(Graphic User Interface) 응용 프로그램도 활성화되기 시작했다.

데이터의 저장과 처리에 있어서 메모리의 역할은 참으로 중요하다. '메모리'란 디지털 데이터를 저장하는 역할을 수행하는 반도체 소자이다. 메모리에는 ROM (Read Only Memory)과 RAM (Random Access Memory)이 있는데, ROM은 그 명칭이 의미하듯 원칙적으로는 읽기만 할 수 있는(EPROM과 같이 지우고 쓰기가 가능한 ROM도 있음) 비휘발성 메모리(nonvolatile memory)이고 RAM은 수시로 읽기, 쓰기가 가능하지만 대부분 휘발성인 메모리(volatile memory)이다. 여기서 '휘발성 메모리'란 전원 공급이 끊기면 저장된 데이터가 소실되는 메모리를 말한다. 예를 들어, 컴퓨터를 켤 때 맨 먼저 작동하는 입출력 체계로, 하드웨어와 소프트웨어 간 연결 방식을 설정하는 프로그램인 BIOS는 중요하고 변경되어서는 안 되기 때문에 ROM에 저장된다. 그러나 컴퓨터 연산과 많은 전자기기들의 작동을 위해서는 데이터의 수시 입출력(읽기, 쓰기)이 가능해야 하므로 RAM이 주로 사용된다. RAM은 다시 DRAM(Dynamic RAM)과 SRAM (Static RAM)으로 분류된다. DRAM은 캐패시터(capacitor)에 전하 충전 방식으로 데이터를 저장하는데 시간 경과에 따라 방전이 일어나므로 저장 데이터 유지를 위해 주기적으로 전력을 공급해야 하는 반면(refresh), SRAM은 6개의 트랜지스터로 구성한 래치(latch) 회로에 데이터를 저장하기 때문에 단전 시에도 데이터가 유지된다. 'Dynamic'과 'Static'이란 단어들은 이 차이에 기인한다. 또 다른 메모리 군으로, 특별히, 대용량 데이터를 저장할 때 많이 사용하는 플래시 메모리(flash memory)는 전기적으로 데이터를 지우고 다시 쓸 수 있는 비휘발성 메모리다. DRAM처럼 전하 저장 방식을 이용하나 DRAM과는 달리 전하가 트랜지스터의 플로팅 게이트(floating gate)나 SiN와 같은 부도체 전하 포획층(charge trapping layer, CTL)에 저장되고, 전하 저장 유무에 따른 문턱 전압(threshold voltage)의 차이를 이용해 구동한다. 플래시 메모리에서는 게이트 스택(gate stack)의 반도체 표면과 플로팅 게이트 또는 CTL 사이에 얇은 터널 산화막(tunnel oxide)을 두어, 전자 터널링(electron tunneling) 방식으로 전하를 주입함으로써 정보를 저장한다.

DRAM에 비해 SRAM은 빠르고 데이터 안정성이 높으나 집적도와 비용 측면에선 취약해 CPU의 레지스터나 캐시 메모리(cache memory)처럼 빠르고 정확한 연산이 필요한 영역에 적용되고, 낸드(NAND) 플래시 메모리는 공간 집약적이나 DRAM에 비해 읽고 쓰는 속도가 느려 USB, SSD (Solid State Drive) 등 고용량 데이터 취급 장치에 주로 이용된다. 반면 DRAM은 높은 집적도, 빠른 속도 등의 장점으로 컴퓨터, 스마트폰, 서버 등 다양한 기기의 주기억장치(main memory)

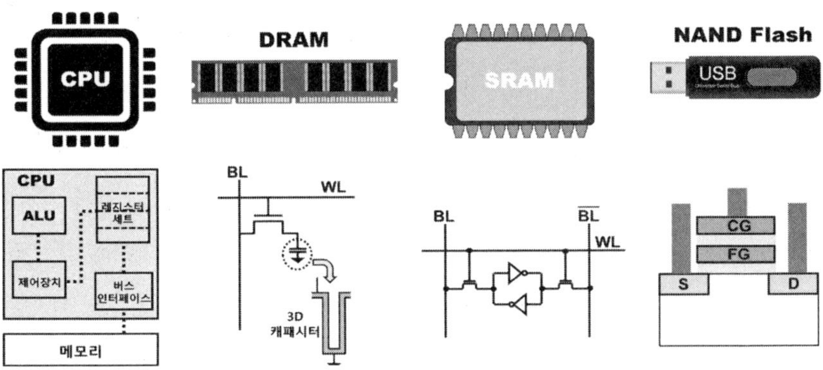

[그림] CPU와 메모리의 형상 및 핵심 소자구조

로 폭넓게 사용된다. 최초의 DRAM은 1966년, 미국 IBM 왓슨 연구소의 데나드 박사가 발명했고, 이후 1970년에 인텔이 '인텔 1103'이란 이름으로 최초의 상용 DRAM을 출시했다. 그리고 애플 컴퓨터(Apple Computers)는 1984년, 128 KB DRAM을 장착한 최초의 개인용 컴퓨터를 출시했다. 우리나라의 경우, 1983년에 삼성전자가 64K DRAM을 세계 세 번째로 개발했고, 1992년에는 64M DRAM을 세계 최초로 개발하며 당시 메모리 패권을 쥐고 있던 일본을 넘어서기 시작했다.

4. 왜 반도체인가?

앞에서 디지털 정보의 처리와 저장을 위해 다양한 반도체 소자들을 사용한다고 기술했다. 뒷 절에서 기술하겠지만, 광학적 또는 자기적 정보 처리도 가능하지만 널리 통용되는 기본 방식은 전기적 방식이다. 이를 위해 다양한 소자들을 반도체 물질 위에 구현하는 것이다. 왜 반도체 물질을 사용해 소자들을 만드는 것일까? 이해를 위해서는 반도체 물질이 무엇이며, 다른 물질들과는 어떻게 다른지를 우선 알아야 한다. 반도체는 그 이름에서 알 수 있듯, 전기 전도도가 도체(금속)와 부도체 중간에 위치하는 물질군이다. 반도체의 전기 전도도는 10^{-4}~10^{3} S/m 범주에 분포한다. 이에 반해, 대부분 금속의 전기 전도도는 10^{7} S/m 이상이며, 부도체는 10^{-9} S/m 이하이다. 상온에서 실리콘의 전기 전도도는 약 10^{-2} S/m인 반면, 은의 전기 전도도는 6.3×10^{7} S/m에 이른다. 은이 실리콘에 비해 약 육십 삼억 배 전기를 잘 통하는 것이다. 왜 이런 차이가 벌어지는 것일까? 기본적으로 전자 배열,

원자 결합, 전하 운반자(charge carrier) 농도의 차이에 기인한다. 은은 원자번호 47번으로 $[Kr]4d^{10}5s^{1}$ 전자 배열을 가져 내부 껍질에 분포한 전자들은 안정적인 반면, O 껍질(n=5)에 있는 전자 하나는 불안정해 쉽게 자유전자가 되어 원자들 사이를 자유롭게 돌아다닐 수 있다. 이 자유전자가 금속 결합을 매개하며, 전기를 전도하는 전하 운반자가 된다. 원자 하나당 하나의 자유전자가 기여되니 전하 운반자 농도가 매우 높을 수밖에 없고, 이것이 은의 전기 전도도가 높은 이유이다. 이에 반해, 실리콘은 원자번호 14번으로 전자 배열이 $1s^{2}2s^{2}2p^{6}3s^{2}3p^{2}$ 이다(아래 그림 참조). M 껍질(n=3)에 있는 상대적으로 불안정한 전자 4개는 이웃 원자 4개와 각각 전자 하나씩을 공유하며 안정적인 배위 상태를 유지하려 한다. 이로 인해 각 실리콘 원자는 주변 4개의 원자와 공유 결합을 형성하게 되는데, 공유 결합은 결합 에너지가 비교적 커 쉽게 깨지지 않는다. 다시 말해, 정상 상태에서 실리콘의 전하 운반자 농도는 매우 낮을 수밖에 없고, 이것이 실리콘의 전기 전도도가 낮은 이유이다. 이런 특성의 차이 때문에 은은 우리에게

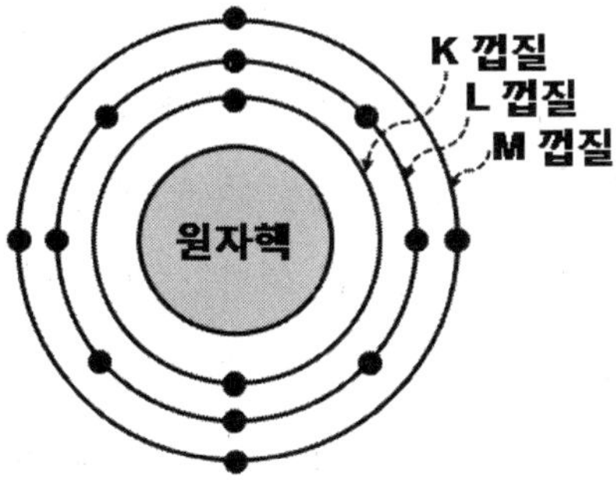

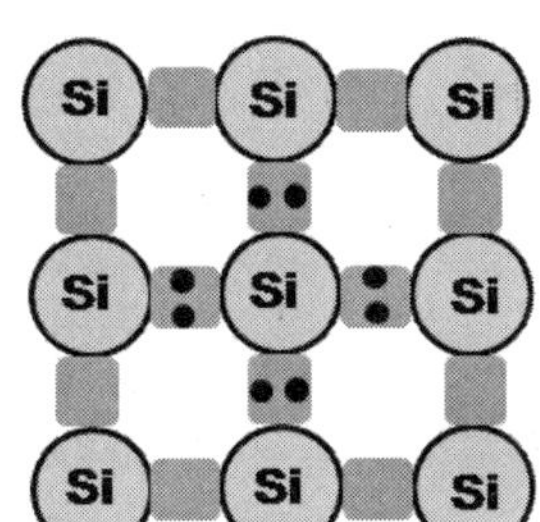

[그림] 실리콘의 전자 구조와 공유 결합

친숙한 옴의 법칙(Ohm's law)을 잘 따르지만 실리콘은 따르지 않는다. 옴의 법칙에 따르면 물체를 따라 흐르는 전류는 양단에 인가된 전위차에 선형적으로 비례해야 하는데, 실리콘의 경우는 전위차를 증가시켜도 전류 증가폭이 크지 않다는 것을 의미한다.

이런 반도체의 특성을 과학적으로 다루기 위해 에너지 밴드 구조(energy band structure)를 많이 활용한다. 에너지 밴드는 반도체 결정 내에서 원자들이 서로 가깝게 인접해 있을 때, 파울리 배타원리에 의해 허용되는 에너지 준위가 미세하게 갈라지는 현상에 기인한다. 전자 확률밀도 분포의 중첩이 나타나는 최외각 껍질이 물리적으로 의미가 있어, 에너지 밴드 구조는 보통 최외각 전자들에 대해 그려진다. N개의 원자들이 결정 내에 밀집돼 있을 때, 최외각 에너지 준위는 N개로 미세하게 갈라진다. 그런데 반도체 결정을 형성하는 원자의 수는 엄청나게 크다. 예를 들어, 실리콘 1몰(mol)의 질량은 28 g인데, 이 안에는 아보가드로 수(6.02×10^{23}) 만큼의 실리콘 원자들이 들어 있으니, 실리콘의 최외각 에너지 준위 또한 이 숫자만큼 갈라진다. 원래 양자역학적으로 허용되는 에너지 준위 간 간격 자체가 외곽 껍질로 갈수록 줄어드는데, 그 외곽 에너지 준위가 결정 내에서 엄청난 수의 미세하게 떨어진 준위로 갈라진다면 그것은 하나의 밴드처럼 보일 것이다. 이것이 에너지 밴드이다. 한 마디로 원자 내 전자들에 허용된 에너지 상태들의 집약체라 할 수 있다. 에너지 밴드 구조는 상위 밴드인 전도대(conduction band)와 하위 밴드인 가전자대(valence band), 그리고 두 밴드 사이의 틈인 밴드 갭(band gap)으로 구성된다(다음 그림 참조). 절대온도 0도 기준, 가전자대의 에너지

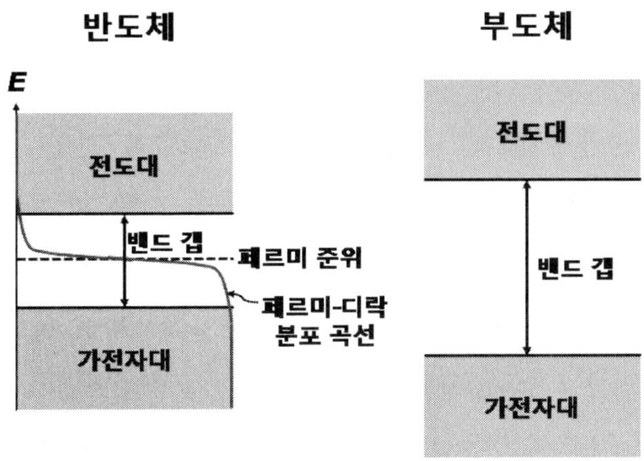

[그림] 반도체와 부도체의 에너지 밴드 구조 및 확률분포 곡선

준위들은 공유 결합에 의해 원자에 강하게 구속된 전자들로 완전히 채워지는 반면, 전도대의 에너지 준위들은 텅 비게 된다. 그런데 전자들이 전기 전도에 참여하기 위해서는 '전자의 고속도로'인 전도대로 올라와야 하고, 이를 위해서는 가전자대 전자들이 밴드 갭을 뛰어 넘어 전도대로 여기(excitation)되어야 한다. 이 과정에서 밴드 갭의 크기인 밴드 갭 에너지가 중요하다. 실리콘의 밴드 갭 에너지는 1.12 eV (=1.79×10^{-19} J)로 크지는 않지만, 상온의 열에너지만으로 전자를 여기시키기에는 무리다. 페르미-디락 통계분포(Fermi-Dirac Statistics)에 따라 소수의 전자만 여기 가능할 뿐이다. 이것이 실리콘의 상온 전기 전도도가 매우 낮은 이유이다. 가전자대 전자의 여기 과정은 일부 공유 결합의 파괴에 의한 자유전자(전도전자)의 생성 과정으로 묘사될 수 있다. 참고로, 부도체도 반도체와 유사한 에너지 밴드 구조를 보이는데, 다만 밴드 갭이 너무 넓어 전도대로 여기되는

전자가 사실상 없다는 점이 다르다. 일례로 유리의 주성분인 SiO_2의 밴드 갭은 9 eV이다.

다시 원래의 질문으로 돌아와 보자. 왜 정보 처리 및 저장 소자를 반도체 물질로 만들까? 전자회로가 작동하기 위해서는 전류의 흐름을 빠르고 완벽하게 제어할 수 있어야 한다. 마치 수로에 설치된 수문이 물의 흐름을 개방, 차단하듯이 말이다. 전기적으로는 전압을 인가해 소자별로 전류 제어를 한다. 그런데 도체로 이 작업이 가능할까? 도체에 전압이 인가되면 모든 방향으로 전류 흐름이 나타난다. 소자별 전류 제어가 불가능하단 얘기다. 그렇다면 부도체는 어떨까? 반대의 상황이 벌어진다. 전압 인가에 반응해 강한 전류 흐름이 나타나야 하는데 전류는 거의 흐르지 않는다. 소자가 잠에서 깨어나지 않는 것이다. 반도체는 다르다. 정상 상태에서 반도체를 통한 전류 흐름은 미미하다. 사실상 부도체에 가깝다. 그러다가 일정 수준 이상의 전압이 가해지면 반도체 내에 특이한 현상이 일어난다. 물론, 이 특이한 현상은 독립적인 반도체 물질이 아닌, 반도체 소자에서 다른 물질과 접하고 있을 때 나타난다. 부도체에 가까웠던 전류 흐름이 갑자기 도체와 같이 활성화되는 것이다. 이는 반도체 내의 전류 경로를 막고 있던 에너지 장벽이 크게 낮아져, 그 경로 안으로 전하 운반자들이 쏟아져 들어오기 때문에 벌어지는 일이다. 전압 인가 전/후의 전류비는 보통 10^5 이상으로 크다. 지정된 경로 이외로의 누설 전류는 무시할 정도로 작다. 이렇게 전력 소모를 최소화하며 소자별로 전류 흐름을 빠르게 제어할 수 있는 물질은 사실상 반도체가 유일하다.

5. 얼마나 빠르게, 얼마나 많이 기록할 것인가?

어린 시절 자의 반 타의 반으로 일기를 썼던 기억이 있을 것이다. 일부는 성인이 된 이후에도 꾸준히 쓰고 있지만 대부분의 사람들에게 일기는 어린 시절의 아련한 추억이다. 그 시절, 일기는 일기장에 연필로 기술한 일상의 기록이었다. 일기 하나를 쓰는 데 얼마나 걸렸나? 일기 하나에 약 300자 정도 썼고, 20~30분의 시간이 걸렸던 것 같다. 물론 여기에는 일기 구상 시간이 반 정도를 차지했지만, 쓰는 데만도 10분 이상이 소요되었다. 개인차를 고려하더라도 사람의 필기 속도는 그리 빠른 편은 못 된다. 디지털 기록은 어떨까? 오늘날에는 일기를 수기로 작성하는 대신, 전자 일기장을 이용하는 사람들도 있다. 동일하게 300자 정도를 전자 일기로 쓰는 데도 20분 정도는 소요될 것이다. 여기에서도 구상과 기억의 반추가 절반을 차지하고, 타이핑 속도도 제한적이기 때문이다. 물론, 전문 속기사는 예외이다. 기록의 수단 측면에서 고찰하면, 전자 일기는 무엇이 정보를 기록하는 것인가? 손이나 컴퓨터는 입력의 도구일 뿐이다. 공중에 손을 휘저어 본들, 속이 빈 컴퓨터 자판을 두드려 본들 아무 것도 기록할 수 없다. 위에서 기술했듯 다양한 방식이 가능하지만, 기본은 전기적 기록 방식이다.

전기적 기록은 달리 표현하면 전자를 이용한 기록이라 할 수 있다. 반도체 칩들은 전자의 흐름과 농도, 상대적인 전위를 제어하는 소자들이다. 컴퓨터에 일기를 쓰면, 처리 프로그램에 따라 CPU가 입력 값들을 전기신호로 변환하여 연계된 정보 저장장치(DRAM, SSD 등) 내 가용 공간에 주소를 할당하고 순차적으로 이진 정보로 기록한다. 이 모든 과정이 전자로 대표되는 전하 운반자의 흐름으로 이루어지는데, 그 흐름을 제어하는 두 가지 핵심 구성 요소는 CPU와 메모리이다. 그리고 두 요소를 구성하는 단위 반도체 소자들은 전계 효과 트랜지스터(field effect transistor, FET 또는 MOSFET)와 메모리 셀이다(이후 내용에서 '트랜지스터'는 FET를 의미함). 여기서 주지할 사항은 모든 상용 메모리는 정보의 기록과 읽기를 위해 한 개 이상의 트랜지스터가 각 셀에 할당돼 있다는 점이다. 한 마디로 트랜지스터는 모든 반도체 칩의 빌딩 블록(building block)이 되는 핵심 소자라 할 수 있다. 트랜지스터는 MOS (metal-oxide-semiconductor) 구조를 갖는 캐패시터 양쪽에 두 개의 PN 접합이 결합된 3단자(three terminal) 소자이다(아래 그림 참조). 트랜지스터의 기능 중 가장 중요한 것은 전기적 스위치 기능이다. 소스(source)와 게이트(gate) 사이에 인가하는 전압(V_{gs})은 MOS 캐패시터에 수직 전기장을 만들고, 이 전기장은 다시 반도체 표면에 특정 전하 상태를 유도한다. V_{gs}가 반도체의 문턱 전압(V_t)보다 커지면 반도체 표면에 반대 극성의 고밀도 전하 채널이 형성돼 소스와 드레인(drain) 사이에 전류 흐름이 가능하고(이 경우, 트랜지스터는 전도체로 기능), 문턱 전압 아래에서는 전류 흐름이 차단된다(트랜지스터는 부도체처럼 거동). 이것이 전계 효과 트랜지스터라 불리는 이유이다.

정보를 기록할 때 CPU와 메모리 소자가 함께 작동한다. 키보드와 같은 입력 도구에서 입력된 정보는 우선 전기 신호로 전환되고, 그 전기신호는 반도체 칩 내부에 유기적으로 집적된 트랜지스터 사이를 흐르며 필요한 동작을 수행하고, 그 다음 연결된 메모리의 특정 주소에

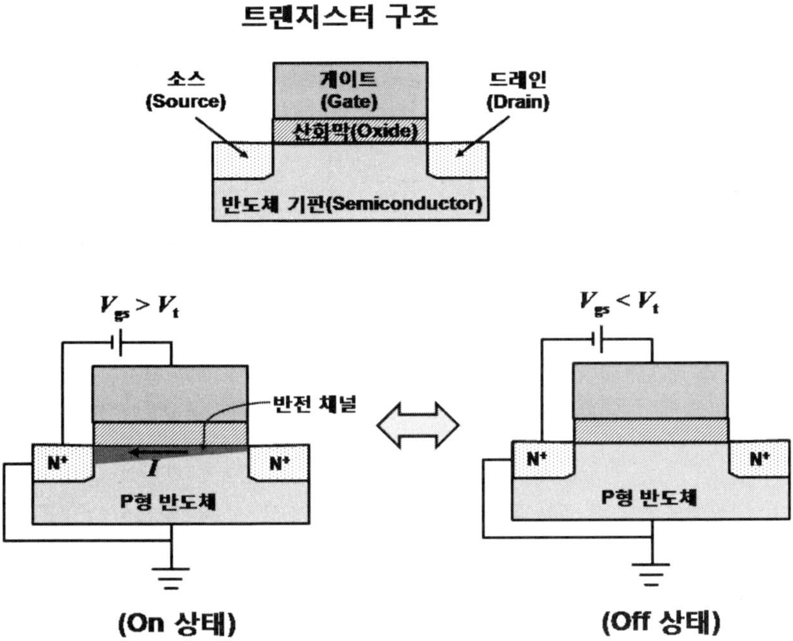

[그림] 트랜지스터 구조와 스위치 동작

순차적으로 저장된다. 이때 DRAM의 경우라면, 처리된 전기신호가 캐패시터에 충전되는 전하의 양을 조절하여 이진 정보로 저장된다. 여기서 유의할 것은 현대의 CPU와 메모리에는 트랜지스터와 메모리 셀들이 초고밀도로 집적돼 있다는 점이다. 보통 CPU에는 수십 억~수백 억 개의 트랜지스터들이 유기적으로 연결돼 있고, DRAM에는 수백 억~수천 억 개의 셀들이 집적돼 있다. 이때 단위 소자들을 유기적으로 연결하는 역할을 하는 것이 금속 배선(interconnect)이다. 구리(Cu)나 알루미늄(Al)으로 만든 미세선인데, 그 선폭이 너무 작아 육안으로는 보이지 않는다. 소자의 미세화, 칩의 고집적화가 진행될수록 수용하는 단위 소자들이 많아져 미세 선폭은 줄어들고, 금속 배선층 수는 증가한다. 배선 구조는 수평 배선과 수직 배선의 조합으로 이루어지며 배선 사이의 공간은 절연체로 채워진다. 전기 신호는 배선으로만 흘러야 하고, 배선과 배선 사이의 상호작용은 최대한 억제되어야 한다. 금속 배선구조를 형성하는 일은 칩 내에 나노 크기의 빌딩(nanoscale building)을 쌓는 것과 유사하다.

이제 전기적 기록의 속도 문제로 돌아와 보자. 외부 입력 정보로부터 전환된 전기 신호는 금속 배선을 따라 흘러 들어와 많은 수의 트랜지스터 소스와 드레인 사이를 통과했다가 다시 금속 배선을 따라 흘러가 특정 메모리 셀에 도착 후 상이한 전기적 상태를 유도할 것이다. 이 과정에서 두 가지 신호 지연 유발 요인이 개입된다. 하나는 트랜지스터나 로직 게이트를 통과할 때 나타나는 게이트 지연(gate delay 또는 propagation delay)이고, 다른 하나는 금속 배선을 통과할 때 유발되는 배선 지연(interconnect delay)이다. 일반적으로 회로 구성 요소의 크기(feature size)가 감소할수록 게이트 지연은 줄어들고 배선 지연은 증가한다. 배선 지연이 증가하는 이유는 소자 미세화에 따라 배선 선폭과 배선 간 간격이 함께 줄어 배선의 저항(R)과 인접 배선 간 정전용량(capacitance, C)이 함께 증가함으로써 RC 지연이 배가되기 때문이다. 이 때문에 소자의 미세화, IC 고집적화에 따라 배선구조 설계 및 제조공정이 점점 더 중요해지고 있다. 예를 들어, 32 nm 세대 IC의 게이트 지연은 10~100 ps (=10^{-11}~10^{-10} s) 정도이고, 배선 지연은 1~10 ns (=10^{-9}~10^{-8} s) 정도로 계측된다. '지연'이라 말하고 있으나 지연을 느끼지 못할 정도로 전기신호 전파는 빠르다.

메모리로 DRAM을 사용해 정보를 저장하는 경우, 그 쓰기 속도는 10~50 ns로 약간의 추가 지연이 유발되나 이 또한 느끼지 못할 정도의 수준이다. 300자 정도의 일기를 전기적으로 기록할 때 발생하는 유의미한 전기적 신호 지연은 없다고 봐도 무방하다. 사실상 20분 정도의 전자 일기 쓰기 시간은 구상과 타이핑 시간이 전부인 것이다. 수기로 일기를 쓸 때는 손의 동작 과정에서 일정 물리적 시간이 요청돼 기록 속도에 분명한 제한이 있지만, 전자 일기에서는 순간적인 기록이 가능하다. 물론, 제한 요소인 입력 속도만 극복할 수 있으면 말이다.

기록할 수 있는 정보의 양 측면에선 어떤가? 수기 일기장이 40페이지로 구성되고, 각 페이지 당 300자 정도를 쓸 수 있다면 일기장 한 권이 수용할 수 있는 정보량은 12,000자 정도이다. 10페이지 한글 논문에 포함된 글자 수가 보통 15,000자 이상임을 고려하면 미미한 양이다. DRAM이나 SSD에 저장할 수 있는 정보량은 일기장과는 비교 불가할 정도로 많다. 이에 대해서는 뒤에서 자세히 다룰 것이다. 결론적으로, 기록의 속도와 양 모두에서 현대의 디지털 방식은 모든 고전적인 방식을 압도한다.

6. 스마트폰의 등장

개인 간 통신은 오랜 기간 유선전화를 통해 이루어졌다. 그러다 1973년 미국 모토로라사의 마틴 쿠퍼 박사 연구팀이 세계 최초의 휴대폰을 개발했다. 그리고 10년의 개발 기간을 거쳐 1983년 모토로라는 최초의 상용 휴대폰인 다이나택(DynaTAC)을 발매했다. 동일 해 미국의 Ameritech 사는 아날로그 방식의 휴대폰 통신서비스를 최초로 개시하였다. 우리나라에는 1988년 모토로라 다이나택이 처음 도입되었는데 무게는 771 g에 이르고 가격은 포니 승용차에 맞먹었다고 한다. 우리나라 최초의 휴대폰은 1988년 삼성전자가 개발한 'SH-100'이었다. 초기의 휴대폰들은 이동 중 음성 통화만 할 수 있던 수준이었다. 그 후 1987년 유럽에서 디지털 통신방식인 GSM(Global System for Mobile Communications)이 표준으로 자리 잡고, 한국 및 미국에서는 코드분할다중접속 방식인 CDMA가 개발·활용되며 휴대폰의 기능은 점차 확대되기 시작했다. 1989년 모토로라는 최초의 플립폰인 마이크로택(MicroTAC)을 출시했고, 1992년에는 영국에서 최초의 SMS 메시지가 발송되었다.

휴대폰의 기능을 대폭 확장한 버전이 스마트폰이다. 최초의 스마트폰은 1992년 IBM에서 개발한 사이먼(Simon)이다. 사이먼은 휴대 전화 기능뿐 아니라 주소록, 메모장, 계산기를 내장하고 전자우편 및 팩스의 송수신도 가능했다. 또한 기존의 버튼 방식 대신 터치스크린을 적용하여 손가락으로 전화번호나 문자를 누를 수 있었다. 한 발 더 나가 스타일러스 펜을 이용한 입력도 가능했다고 하니 최초 스마트폰 치고는 다양한 기능을 갖추고 있었다고 볼 수 있다. 애플은 스마트폰의 개념을 보다 확장해 2007년 휴대폰, 모바일 인터넷, 아이팟의 기능을 통합한 '아이폰'을 출시했다. 이때 아이폰의 등장은 센세이션을 불러일으켰고 얼리 어답터들은 경쟁적으로 아이폰을 구매했다. 그 후 업그레이드를 계속해 2009년 '아이폰 3GS', 2010년 '아이폰 4', 2011년 '아이폰 4S', 2012년 '아이폰 5'를 연속으로 출시했는데, 이 아이폰 시리즈는 오늘날까지도 지속되고 있다. 우리나라에서는 삼성전자가 2007년 모바일 윈도우를 기반으로 한 '옴니아'를 출시했고 2009년에는 안드로이드 기반의 '갤럭시'를, 2010년에는 '갤럭시 S'를 출시했다. 삼성전자 또한 '갤럭시 S' 시리즈를 계속 진화시키며 애플의 '아이폰' 시리즈와 글로벌 스마트폰 양강 체제를 형성하고 있다(2024년 1분기 기준, 삼성전자와 애플의 글로벌 시장 점유율은 각각 20.8%, 17.3%임. *출처: IDC).

'손 안의 컴퓨터'라는 별칭답게 스마트폰은 더 이상 전화기로 인식되지 않는다. 이제 스마트폰 하나만 있으면 웬만한 일은 다 처리할 수 있다. 메시지 송수신, 자료 조사 및 송수신, 문서 작업, 영상 촬영 및 편집, 동영상 제작 및 시청, 각종 신문 및 TV 수신, 금융 거래, 교통수단 결제, SNS 및 동호회 활동, 각종 스포츠 실시간 시청, 온라인 게임 하기, 길 안내 등 매우 많은 활동이 스마트폰을 매개로 이루어진다. 친구 없이는 살아도 스마트폰 없이는 못 살 지경이다. 오죽하면

[그림] 유선전화에서 스마트폰으로!

'스마트폰 중독'이란 신종 증상이 생기고 '스몸비'란 신조어가 만들어졌겠는가? 그런데 이 과정에서 사용하거나 만들어 내는 데이터가 방대하지 않을까? 실제로 2023년 7월 기준, 스마트폰 1대당 월 데이터 사용량은 15.8 GB로 약 5년 전인 2019년 초에 비해서도 2.3배 증가했다. 이는 LTE와 3G가 대세였던 2019년에 비해 2023년에는 속도가 빠른 5G가 주류가 되었고, 스마트폰 자체의 성능 향상과 관련 앱의 양적, 질적 성장이 빠르게 이루어졌기에 나타난 결과였다.

7. 정보의 양

그렇다면 디지털 정보의 양은 어떻게 규정하는가? 디지털 정보는 '0'과 '1'로만 구성되는 이진법 체계에 근간하는데 이를 위해서는 두 가지 서로 다른 상태를 구현하고 그 상태들을 정확하게 읽어낼 수 있어야 한다. 두 가지 상태를 구현하고 처리하는 방식에 따라 전기적 방식, 자기적 방식, 광학적 방식 등 다양한 방식이 존재한다. 예를 들어, 하드디스크 드라이브(HDD)는 전류 방향의 조절에 의해 전자석의 자화 방향을 조절함으로써 인접한 자기 저장매체의 자화 방향을 왼쪽/오른쪽이나(수평 정렬) 위쪽/아래쪽(수직 정렬)으로 정렬시켜 데이터를 기록하고, 거대자기저항(GMR) 리드 헤드(read head)를 이용해 저장된 자화 방향에 따라 헤드의 자기적 자유층의 자화 방향이 달라져 헤드가 저저항이나 고저항 상태로 변하게 함으로써 정보를 읽는다. CD, DVD와 같은 광학적 저장 방식에서는 폴리카보네이트와 같은 투명한 플라스틱에 홈을 내 평평한 부분(랜드)과 홈(피트)의 두 가지 상태를 만들어 정보를 저장하고, 레이저를 쏴 랜드와 피트에서 반사되는 빛의 세기가 상이함을 광검지기로 감지해 전류 양으로 전환함으로써 저장 정보를 읽는다. 상용화된 거의 모든 방식에서 정보의 기록 및 재생은 전기 신호 입력에 의해 서로 다른 상태 유도, 저장 정보의 검지 후 전기 신호 전환과정으로 이루어지기에 전기적 방식이 그 기본이라 할 수 있다.

전기적 방식에서는 전기를 사용해 캐패시터의 충전/방전 상태(DRAM), 두 인버터의 서로 다른 전압 상태(SRAM), 플로팅 게이트나 CTL의 충전/방전 상태(Flash) 등 서로 다른 상태를 만들어 데이터를 기록하고, 비트 라인(bit line, BL) 전압 변화(DRAM), 두 비트 라인 간 전압 차(SRAM), 문턱 전압의 변화(Flash) 등을 추적해 저장 정보를 읽는다. 이렇듯 전기적 방식에서 가장 중요한 인자는 전압의 상태이며, 일반적으로 저전압 상태가 이진 비트 '0', 고전압 상태가 이진 비트 '1'에 해당한다. 비단 이런 정보 저장기기 뿐만이 아니라 트랜지스터, 인버터 및 다양한 게이트처럼 데이터 처리 기기에서도 전압 수준에 따른 이진 상태의 규정은 동일하다.

정보 저장과 처리에 있어서 두 가지 서로 다른 상태인 이진 비트를 이용한다는 사실을 알았다. 여기서 '비트(bit)'는 binary digit의 약자로 용어 자체가 이진법에 기초한다는 사실을 내포한다. 비트는 디지털 정보 저장과 처리의 최소 단위이다. 그러나 문자 하나를 표현하기 위해서는 비트 하나만으로는 부족하다. 그래서 나온 것이 '바이트(byte)'인데 바이트는 비트 여러 개를 묶어 기본 숫자와 문자를 표현하는 단위이다. 8개의 비트를 묶으면 2^8에 해당하는 256가지 경우의 수가 가능해 영문자, 숫자, 일부 특수문자를 모두 표현할 수 있기에 '1바이트 = 8비트'가 표준이 된다. 그러나 한글, 한자와 같은 다양한 언어 및 다양한 특수문자를 표현하기 위해서는 1 바이트만으로는 부족하고 최소 2 바이트 이상이 필요해 16비트나 32비트가 컴퓨터의 정보 처리 단위가 되기도 한다. 그럼 앞서 언급한 64 MB니, 15.8 GB니 하는 양은 얼마나 큰 정보량일까? 여기서 중요한 건 접두어이다. MB의 M은 '메가(mega)'를 의미하고 십진법으로 10^6에 해당하며, GB의 G는 '기가(giga)'로 10^9에 해당한다(아래 표 참조).

접두어	정보량	환산	한글 표기
K (kilo)	1 KB	10^3 bytes	천 바이트
M (mega)	1 MB	10^6 bytes	백만 바이트
G (giga)	1 GB	10^9 bytes	십억 바이트
T (tera)	1 TB	10^{12} bytes	조 바이트
P (peta)	1 PB	10^{15} bytes	천조 바이트
E (exa)	1 EB	10^{18} bytes	백경 바이트
Z (zetta)	1 ZB	10^{21} bytes	십해 바이트
Y (yotta)	1 YB	10^{24} bytes	자 바이트

그런데 여기에도 약간의 부정확이 개입돼 있다. 위의 접두어들은 십진법에 기반한 것인 반면 바이트는 이진법에 기반하고 있기 때문이다. 예를 들어, 이진법에 기반하면 1000 바이트에 가장 근사한 수는 '2^{10} 바이트=1,024 바이트'이고, 이를 십진법으로 근사한 것이 1 KB이

다. 유사하게 1 KB의 1,024배가 1 MB가 되고, 1 GB는 다시 1 MB의 1,024배이다. 이 양들이 어느 정도의 정보량인지 여전히 감이 오지 않을 것이다. 400 페이지 두께의 영어 원서가 있는데, 각 페이지에는 평균적으로 2,000개의 문자(약 300 단어)를 포함한다면 전체 정보량은 어느 정도일까? 간단히 추산하면 아래와 같다.

$$2{,}000\,\text{문자} \times 1\,\text{바이트} \times 400\,\text{페이지} = 800{,}000\,\text{바이트} = 800\,\text{KB}$$

원서가 여러 그림을 포함하고 있다면 200 KB 정도의 정보가 추가되어 총 정보량은 약 1 MB 전후로 추정할 수 있다(그림은 간단한 그래픽으로 가정). 64 MB 정보량은 이런 원서 64권을 저장할 수 있는 용량이다. 또한, 15.8 GB는 원서 만 오천 팔백 권에 대응되는 엄청난 정보량인 것이다. 2012년 기준, 유튜브가 한 달에 저장하는 정보 용량이 대략 1 PB 정도였다고 한다.

8. 정보의 성장속도

사람이 태어나 성장하는 것처럼 정보량도 특정 시점을 기준으로 발아하여 성장해 왔다. 사람의 경우에는 성인기에 접어드는 20세를 전후해 성장이 멈추고 노년기가 되면 역성장을 보인다. 정보량은 어떨까? KT경제경영연구소에 따르면 파피루스에 정보를 기록하기 시작한 이후 2000년대 초까지 약 5,000년 간 생산된 데이터가 약 20 EB라고 한다. 물론, 이 기간 동안 인구의 증가, 문명의 발전, 산업화 등의 영향으로 정보량은 점진적으로 증가했을 것으로 추정된다. 놀라운 건 2000년대 초부터 현재까지 20년 간 데이터 생산량은 폭발적으로 증가해 50 ZB에 이른다는 것이다. 지난 20년 생산된 정보량이 그 전 5,000년 정보 생산량의 2,500배에 달함을 의미한다. 특히, 2010년 이후의 정보량 증가율은 정말 가파른데, 앞으로는 더욱 빨라져 2025년에는 181 ZB에 이를 것으로 전망되었다(아래 그림 참조). 이 181 ZB라는 정보량은 1 TB 용량의 HDD 181억 개를 채울 수 있는 양이다.

상기 데이터 생산량 변화 추이에 근거하면 가까운 미래에(아마도, 2026년에) 정보량이 200 ZB를 넘어설 것으로 예상된다. 이 엄청난 정보를 저장하기 위해서는 얼마나 많은 공간이 필요할까? 위에서 언급했듯이 데이터 저장방식에 따라 필요 공간은 다소 차이가 있으나 기본 메모리인 DRAM을 예로 들어 추산해 본다. 1바이트를 8비트로 계산하

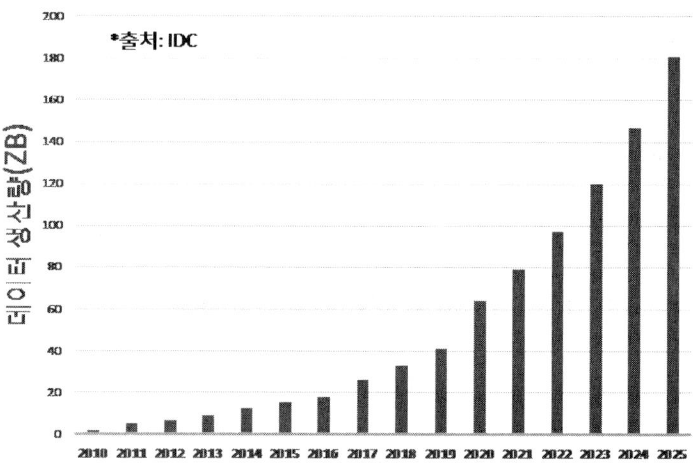

[그림] 최근 데이터 생산량 변화

면 200 ZB는 1.6 자 비트(yotta bits)에 해당한다.

$$200\,\text{ZB} = 200 \times 10^{21}\,\text{bytes} = 200 \times 10^{21} \times 8\,\text{bits} = 1.6 \times 10^{24}\,\text{bits}$$

DRAM은 1개의 트랜지스터와 1개의 캐패시터로 구성된 구조(1T1C 구조)이며, 이것이 하나의 비트를 저장하는 기본 메모리 셀이 된다. DRAM 셀 하나가 차지하는 면적을 1,000 nm^2로 가정하면 총 요구 면적은 아래와 같다.

$$1000 \times (10^{-9}\,\text{m})^2 \times (1.6 \times 10^{24}\,\text{bits}) = 1.6 \times 10^9\,\text{m}^2 = 16{,}000\,\text{km}^2$$

우리나라에서 가장 넓은 자치도인 강원도 면적과 맞먹는 넓이이다. 메모리 셀을 수직으로 쌓으면 총 요구 면적은 감소하며, 이것이 수직 메모리의 등장 배경이다. AI 시대에 화두가 되고 있는 HBM(High Bandwidth Memory)이 그렇고, 286단 NAND Flash가 그렇다.

2020년부터 2025년까지 5년 동안 정보량 성장률은 연평균 23%에 이를 것으로 추산된다. 이 성장률을 사람 키의 성장률로 환산해 보자. 키 1 m 50 cm의 중학교 1학년 학생이 동일 성장률로 성장한다면 5년 후인 고등학교 3학년 때는 4 m 22 cm가 될 것이다. 매우 큰 성장률임을 알 수 있다. 사람의 경우 키가 크려면 세포, 그 중에서도 연골세포의 분화와 증식이 필요한데 정보를 키우는 인자는 무엇일까? 정보도 역시 분화와 증식 과정을 통해 성장한다. 우리가 살고 있는 4차 산업혁명 세상에서는 사람과 사물이 초지능화되고, 사람과 사람, 사물과 사물,

사람과 사물이 초연결화되며, 지식과 기술이 융합되고 있다. 외식을 할 때, 가족의 경험에 근거해 맛집을 정하는 것만으로는 부족하다. 음식의 종류를 결정한 다음에는 가능하면 집에서 가까운 관련 식당들을 자동 검색하고 메뉴, 가격, 평가점수, 거리 등을 확인하여 식당을 정한 다음, 교통수단별 예상 시간을 비교하고 교통수단을 결정한 다음에는 스마트폰이나 내비게이션의 자동 안내에 따라 식당에 도착한다. 음식 주문을 할 때는 테이블에 설치된 키오스크를 이용해 주문에서 결제까지 진행한다. '괜찮은 한식집'과 같은 단편적인 아날로그 정보가 유관 식당, 음식 종류, 가격, 거리, 기존 이용자 평가, 교통수단, 최적 경로와 같은 수많은 디지털 정보로 분화·증식됐고 이 정보들의 융합을 통해 식당과 메뉴를 결정하게 된다. 축적된 무수한 정보들에 쉽게 접근해 합리적인 선택 과정을 거침으로써 만족도가 가장 높은 결정을 하는 디지털 루프가 작동한 결과이다. 심지어 인공지능을 이용하면 기계가 이 과정을 대신해 주기도 한다. 과거에는 상상할 수 없던 세상이 펼쳐지고 있는 것이다.

9. 1970년대 재래시장 대 2020년대 대형 몰

정보량의 급성장은 생활 곳곳에서 나타났다. 가장 실감나는 장소 중 하나가 시장이다. 전통적으로 시장은 생필품을 거래하는 장소였기에 우리 삶과 직결되는 곳이라 할 수 있다. 반세기 전 시장의 모습은 어땠을까? 필자의 유년기 기억을 되짚어 보면 물건을 사면 돈으로 값을 지불하거나 다른 물품과 교환하기도 하고(물물 거래), 때론 외상을 하기도 했다. 외상을 하는 경우에는 장부에 그 기록을 남겼다. 정가라는 개념이 희박하여 항상 흥정이 오고 갔고, 에누리 없는 거래가 거의 없을 정도였다. 상인들은 판매나 외상 기록을 장부에 간결하게 기록했다. '서로에게 필요한 물건을 거래한다'는 목적 기능에는 충실했지만 그 이외의 즐거움은 별로 없었다. 가끔 시장에서 아는 사람을 만나면 반갑게 인사하는 정도랄까? 이 과정에서 정보의 생산·저장량은 미미할 수밖에 없다. 휘발성이 강한 구술 정보를 제외하면 의미 있는 정보는 상인의 판매 기록, 외상 기록 정도일 것이다. 점포수가 300개인 재래시장에서 상인이 하루 평균 1페이지의 장부를 기록하고, 페이지 당 한글 200자를 포함하며, 한글 한 자당 2바이트로 계산하면 추정 정보량은 다음과 같다.

$$300\text{점포} \times 1\text{페이지}/\text{점포} \times 200\text{자}/\text{페이지} \times 2\text{ bytes}/\text{자}$$
$$= 120{,}000\text{ bytes}$$

이를 '1바이트=8비트'를 이용, 비트로 환산해도 0.96 메가비트에 불과하다. 미미한 정보량이다. 물론, 손님도 기록할 수 있으나 그로 인한 정보 생산량은 더욱 미미하다고 볼 수 있다.

2020년대의 대형 쇼핑몰은 어떤가? 대형 쇼핑몰은 여러 층으로 구성되고 각 층은 엘리베이터나 에스컬레이터로 연결된다. 내부 공간은 냉·난방 및 공기 청정 시스템이 구축되어 쾌적한데다 잔잔한 음악이 흘러나오는 경우도 많다. 커다란 디스플레이는 매장이나 상품 정보를 안내하고, 곳곳에 설치된 폐쇄회로 TV는 이상 상황 발생을 상시 모니

터링 한다. 물건을 구매할 때는 레이저 스캐너로 바코드나 QR 코드를 스캔해 모니터에 뜬 상품정보를 확인하고 현금 대신 신용카드나 앱카드로 결제한다. 쇼핑 중간에는 스마트폰으로 해당 몰과 관심 매장 및 상품에 대한 정보를 검색하기도 하고, 메신저를 이용 다른 사람들과 수시로 소통한다. 휴식 중 자판기나 카페를 이용할 수 있으며, 색다른 음식이나 별미가 있으면 휴대폰으로 사진을 찍어 지인들에게 전송하거나 SNS에 공유한다. 쇼핑을 마치고 귀가 시에는 키오스크와 신용카드를 이용해 주차 요금을 스스로 정산한다. 이 모든 일들은 디지털 데이터의 생산, 처리, 사용, 저장 과정을 필수적으로 수반한다.

대형 쇼핑몰 한 곳에서 위에서 언급한 모든 일들이 벌어지고 있다면 하루 취급 정보량은 얼마나 많은 것인가? 너무 많은 요소가 개입돼 있으므로 인프라 유지를 위한 데이터는 배제하고 매장과 방문객의 데이터 생산, 사용량만 추산해 보자. 위와 똑같이 몰 내에는 300개의 매장이 있고, 각 매장에서는 하루 평균 100회의 상품 스캔 및 50회의 결제가 이루어지고, 몰에는 하루 평균 1만 명이 방문해 평균 2시간 체류하며 평균적으로 80 MB의 데이터를 사용하거나 생산한다고 가정하면 개략적으로 아래 추정치가 나온다.

[매장] $300\text{매장} \times (1\,\text{KB}/\text{스캔} \times 100\,\text{스캔} + 0.1\,\text{KB}/\text{결제} \times 50\,\text{결제})$

$= 31{,}500\,\text{KB} = 31.5\,\text{MB}$

[방문객] $10{,}000 \times 80\,\text{MB} = 8 \times 10^5\,\text{MB} = 800\,\text{GB}$

매장쪽 정보량이 과소평가된 면이 있더라도 방문객에 의한 정보 취급량이 훨씬 클 것으로 예상된다. 중요한 건 반세기 전 재래시장 정보량에 비해 비교가 안 될 정도로 많은 정보를 취급하고 있다는 사실이다.

03

정보와 전력

1. 정보 과잉의 시대

1장에서 다루었던 '이촌향도' 현상을 다시 생각해 보자. 왜 사람들은 시골을 떠나 도시로 향하는가? 가장 큰 이유이자 겉으로 드러나는 이유는 '경제적 안정을 이루고 보다 풍요로운 삶을 영위하기 위함'일 것이다. 실제로 도시와 농촌 간 소득 격차는 1990년대 이래 지속적으로 벌어져 왔고, 앞으로도 그럴 것으로 예측된다. 2000년 도시근로자 가구와 농가의 평균 소득은 2,866만원과 2,307만원으로 1.24배의 격차를 보였으나 2015년에는 5,780만원과 3,721만원으로 격차가 1.55배로 증가했으며 2026년에는 8,373만원과 4,194만원으로 격차가 2배까지 증가할 것으로 예상된다. 이런 소득 격차에 비례해 각종 생활 여건의 차이는 현저하다. 그런데 도시 가구의 높은 소득은 무엇인가의 결과로 봐야 한다. 다수의 수익성 좋은 기업들, 풍부한 고학력 인적 자원, 기업 및 사회에 투자할 수 있는 풍부한 자본 등이 그것들이다. 잘 구축된 사업 영역을 가진 우량 기업들에 우수한 인력들이 공급되고 자본 투자를 통해 사업 혁신이나 신사업 발굴을 하며 기업들은 성장하고 그렇게 벌어들인 수익을 기업 구성원 및 주주들과 나누고 일부는 세금의 형식으로 사회에 환원함으로써 부가 확산해 나가는 것이다.

이 고전적 모델은 대체로 여전히 유효하다. 다만 한 가지, 정보의 가치가 충분히 반영되지 않았다. 한 예로, 2019년 기준 농어민들의 디지털 정보화 수준은 일반 국민의 70.6% 수준이고, 디지털 정보 생산율 또한 69% 수준에 머물렀다. 국가별로 비교해 보면, 2022년 월평균 1인당 데이터 사용량은 우리나라가 가장 많고 일본, 미국이 최상위권을 차지한다. 다소 흥미로운 점은 중국의 데이터 사용량이 유럽보다 많다는 점이다. 앞서 언급했듯 정보재는 중요하나 그 가치는 정보에 따라, 상황에 따라 달라질 수 있다. 이 측면에서 여러 원천적 의구심이 생긴다. 어떤 사업이 우량 사업인가? 과거의 좋은 사업 수익성이 미래에도 담보될 수 있는가? 어떤 사람이 우수 인력인가? 고자본, 우수 인력의 투입이 신기술 개발의 필요충분 조건인가? 모두 답하기 쉽지 않은 질문들이다. 아마도 사회의 모습, 문명의 수준에 강하게 연결되어 그 답이 달라질 수 있을 것이다.

우리가 살고 있는 초연결, 초지능, 기술 융합 사회에서는 정보가 넘쳐난다. 그런데 역설적이게도 사람과 사람 사이의 직접 연결 빈도는 오히려 감소하고 있다. 개인화 경향성이 점차 강해지며 인적 네트워크의 범위와 강도는 약화되고 있는 게 현실이다. 오죽하면 '혼밥', '혼술', '혼놀', '혼행', '혼영'과 같은 신조어가 생기고 1인 문화 열풍이 불고 있겠는가? 이런 사람들 사이의 간극을 디지털 네트워크가 대체하고 있다. 많은 사람들은 혼자 생활해도 외로움을 별로 느끼지 않는다. 스마트폰, 컴퓨터 등을 이용해 온라인 커뮤니티에 수시로 접속해 다수의 사람들과 디지털로 교류할 수 있기 때문이다. 함께 관심사를 공유하거나 고민거리를 논의할 수 있고, 게임도 할 수 있으며, 디지털 선물(기프티콘)을 주고받을 수도 있다. 뿐만 아니라 좋아하는 유튜브나 틱톡을 언제든 보고 좋아하는 음악을 들으며 좋아하는 영화, 드라마, 스포츠를 수시로 시청할 수 있다. 심심할 틈이 없다.

나의 필요를 충족시켜 주고 당면한 문제에 대한 해결책을 제시해 주는 정보들도 엄청나게 많다. 이제 초보자도 자동차 와이퍼, 엔진오일, 에어컨 필터, 워셔액 등을 스스로 교체할 수 있다. 제품 구매부터 교체까지 전 과정을 친절하게 설명해 주는 동영상이 많이 있기 때문이다. 이런 디지털 세상의 가속화가 오히려 개인화를 부추기는 면도 있어 보인다. 사람 대신 무수한 정보에 둘러 싸여 그 정보를 다루는 능력에 따라 개인의 역량이 차등 발휘되는 세상, 이것이 디지털 세상의 특징 중 하나이다. 그런데 디지털 세상에서는 각 개인이 미지의 다수와 연결되는 경우가 흔하다. 그 과정에서 개인 정보, SNS 정보 등이 노출되는 경우가 있고, 다시 그 정보는 또 다른 네트워크를 통해 다른 다수에게도 전달될 수 있다. 네트워킹과 정보의 증폭 과정이라 할 수 있다. 이 증폭 과정을 통해 각 개인들은 미인지 상태에서 다수의 개인과 집단에 연결되고 그들로부터 수 없이 많은 정보들을 의도치 않게 수신하게 되며 들어오는 정보량도 점점 많아진다. 정보 과잉 상태에 빠져드는 것이다. 누군가로부터 들어오는 주식 추천, 투자 상담, 신제품 안내, 할인행사 안내 등 다양한 메시지, 이메일, 팝업창 때문에 피곤했던 경험을 대다수가 가지고 있을 것이다. 그 중 일부는 마치 나를 잘 알고 있는 것처럼 맞춤형으로 보내서 순간 현혹되기도 한다.

정보 과잉 상태는 미지의 타인들로부터 들어오는 의도치 않은 정보들에 의한 것만은 아니다. 구글, 유튜브, 엣지, 네이버 어느 것을 사용하든 특정 키워드로 검색하면 끝을 알 수 없을 정도로 많은 정보들이 검색된다. 제공된 정보들 중에는 서로 상반된 주장이나 결론을 내리는 것, 동일 내용인데 수치가 다른 것, 알고 싶은 정보에서 조금 벗어나 있는데 동일 카테고리에 묶여 있는 것들도 많다. 이런 정보의 홍수 속에서 가치와 신뢰도가 모두 높은 정보를 선별해 내는 것 자체가 시간과 노력을 요하는 작업이 되어 버렸다. 많은 사람들은 정보의

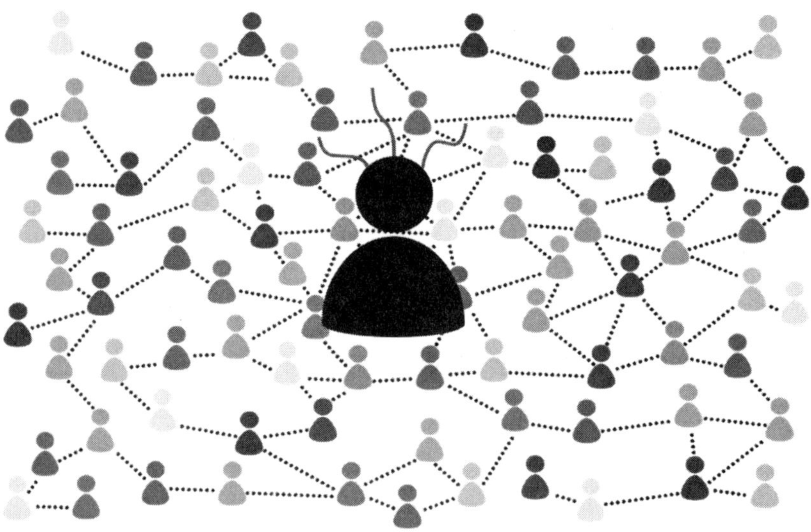

[그림] 정보 홍수 속 결정 장애

숲 한 가운데서 길을 잃고 '결정 장애' 상태에 빠지기도 한다. 그래서 어떤 이는 "정보 부족보다 정보 과잉이 더 나쁘다"고 말한다. 현대에 정보는 매우 중요하나 가치 있는 정보를 찾아내 가치 있게 활용하는 능력은 사람, 조직, 사회에 따라 다르고 이것이 결국 큰 차이를 만들어 낸다. 앞서 언급한 도농 격차, 선진국과 후진국 간 격차, 고수익 기업과 저수익 기업 간 격차, 기존 산업과 혁신 산업 간 차이는 상당 부분 여기에 기인한다고 봐도 무방할 것이다.

2. 인공지능의 등장

1956년 다트머스 회의에서 그 개념이 처음 도입된 인공지능은 '인간의 학습, 추론, 지각능력을 인공적으로 구현'하려는 컴퓨터 과학의 한 분야이다. 오늘날 '인공지능'이란 용어는 보편적으로 사용되고 있지만 1900년대 중반으로 거슬러 올라가면 인간과 유사한 지적인 기계 구현이 가능한지? 그 기계의 지성, 즉, 인간 유사성은 어떻게 판별할 수 있는지?와 같은 근본적인 질문들이 있었다. 여기서 유명한 게 '튜링 테스트(Turing test)'이다. 앞서 기술한 컴퓨터의 이론적 기반을 제시한 앨런 튜링이 1950년 제안한 시험이다. 방법은 간단하다. 인간 질의자와 정체를 알 수 없는 응답자 둘이 질의응답을 하는데, 응답자 중 하나는 인간이고 나머지 하나는 기계이다. 이때, 질의자가 어느 쪽이 기계인지 판별할 수 없다면 기계는 테스트를 통과하는 것이다. 많은 전문가들은 ChatGPT와 같은 생성형 인공지능들은 이 튜링 테스트를 통과할 것이라고 본다.

초기 인공지능 연구를 활성화시킨 계기는 1957년 프랑크 로젠블라트(Frank Rosenblatt)가 고안한 인공신경망인 퍼셉트론(perceptron)이었다. 퍼셉트론은 인지(perception)와 신경(neuron)의 합성어로, 인지한 정보를 신경처럼 처리하는 간단한 인공신경회로이다. 퍼셉트론이 동작하는 방식은 간단하다. 다중 입력값들($x_1 \sim x_n$)이 주어지고 각 입력값이 처리되는 신경회로(노드)별로 서로 다른 가중치($w_1 \sim w_n$)를 둔 상태에서 입력값과 가충치 곱의 총 합($\sum_{i=1}^{n} x_i w_i$)을 임계치와 비교해 활성함수의 활성 여부를 결정함으로써 결과값을 출력한다. 퍼셉트론을 이용해 AND, OR, NAND 게이트를 구현할 수 있었지만, XOR 게이트 문제는 해결 불가한 한계도 있었다. 이 한계는 나중에 다층 퍼셉트론(multilayer perceptron, MLP)을 도입함으로써 해결할 수 있었다. 다층 퍼셉트론은 입력층과 출력층 사이에 한 개 이상의 은닉층(hidden layer)이 들어간다는 점에서 위의 기본 퍼셉트론(단층 퍼셉트론)과 차이가 있다.

퍼셉트론 고안으로 인공지능 연구는 활성화되었으나 그 후 기대했던 연구 성과들이 나오지 않으며 1970~80년대에는 암흑기를 맞았다. 그러다 인류에게 인공지능의 가능성을 확인시켜 준 계기는 1996년과 1997년에 있었던 IBM의 체스 특화 AI 컴퓨터인 딥 블루(Deep Blue)와 세계 체스 챔피언인 개리 카스파로프의 체스 대국이었다. 딥 블루는 1996년 첫 번째 대국을 승리했고, 1997년에는 총 6번의 대국을 치뤄 최종 승자가 되었는데 이것은 딥 블루의 높은 머신러닝(machine learning) 효율과 엄청난 연산능력이 있었기에 가능했다. 실제로 딥 블루는 70만 개 이상의 대국 정보를 이용한 학습을 통해 정확한 예측

함수를 도출했고, 30개의 노드와 480개의 칩을 이용한 병렬처리로 초당 2억 개 위치를 계산할 수 있었다. 2016년 있었던 딥마인드(DeepMind) 인공지능 알파고와 이세돌 9단의 바둑 대국은 우리에게 더욱 큰 충격을 안겨주었다. 당시 알파고는 이세돌 9단에게 5전 4승을 거두며 승리함으로써 프로 바둑기사에게 승리한 최초의 프로그램이 되었다. 그나마 이세돌 9단이 거둔 1승은 알파고와의 대국을 통해 인간이 획득한 유일한 승리였다(알파고의 통산 전적: 74전 73승 1패). 알파고에는 1,000개 이상의 CPU와 100개 이상의 GPU를 사용한 것으로 알려져 있다(일부에서는 GPU 대신 TPU 사용).

여기에서 전통적인 컴퓨터 연산과 인공지능 연산의 차이를 살펴볼 필요가 있다. 전통적인 연산에서는 컴퓨터가 처리할 함수(프로그램)을 주고 데이터를 입력하면 함수에 따라 연산을 진행해 그 결과를 출력해 준다. 예를 들어, 특정 집단의 키(x)와 체중(y) 사이의 상관 관계가 '$y=0.9(x-100)$'라는 함수로 주어질 때, 키 180 cm인 사람의 체중은 72 kg으로 계산될 것이다. 반면, 인공지능 연산인 머신러닝에서는 많은 입력 데이터와 결과 데이터로부터 프로그램을 도출해 낸다. 위의 경우를 예로 들면, 특정 집단에 소속된 많은 사람들의 키에 대한 정보(입력 정보)와 그에 대응되는 체중 정보(결과 정보)를 컴퓨터에 노출시키면 컴퓨터는 학습을 통해 두 인자를 매개하는 최적 프로그램인 '$y=0.9(x-100)$'을 도출할 것이다. 이 과정에서 도출한 프로그램의 정확성을 높이기 위해서는 가능한 많은 정보들이 제공되어야 하며 그 정보들은 적절한 알고리즘에 따라 빠르게 처리되어야 한다. 이것이 인공지능에서 빅 데이터, 최적 알고리즘, 빠른 병렬 연산능력이 필요한 이유이다.

기초적인 머신러닝은 인공 신경망(artificial neural network, ANN)을 이용해 구현 가능하나, 산재한 정보로부터 필요한 데이터를 추출하는 과정에서 도메인 지식이 요구되고 정보량이 방대할 때에는 수동적인 피처 엔지니어링(feature engineering)을 하기 어려우며 정확성이 떨어진다는 한계도 있다. 그래서 등장한 것이 딥 러닝(deep learning)인데 딥 러닝의 기본이 되는 합성곱 신경망(convolutional neural network, CNN)과 순환 신경망(recurrent neural network, RNN)에서는 피처 엔지니어링과 ANN 연산 및 후속 함수를 이용한 확률 계산을 모두 컴퓨터 스스로 진행하기에 방대한 데이터로부터 필요한 결론을 정확하게 도출할 수 있다. CNN과 RNN은 둘 다 많이 활용되는 딥 러닝 모델이지만 동작 방식과 응용 분야에서 차이가 있다. CNN에서는 컨볼루션 레이어(convolution layer)를 사용해 입력 데이터에서 특징을 추출하고, 풀링 레이어(pooling layer)를 사용해 출력의 차원을 줄이며, 최종적으로 처리된 데이터들을 연결한 다음 활성화 함수(Softmax 함수)를 사용해 결과를 판별한다. 사물 인식과 이미지 분석 등 공간 이해가 필요한 분야에 주로 사용된다. 반면, RNN은 시계열적으로 연결된 신경단위들로 데이터를 처리하는 방식인데, 각 신경단위들은 입력층, 은닉층, 출력층으로 구성된다. 중요한 것은 각 신경단위의 은닉층은 이전 단위의 출력값들에 영향을 받아 조금씩 조정되며 데이터를 처리한다. 시계열 데이터 분석, 자연어 처리와 같이 순차적인 데이터 처리에 적합하다. 딥 러닝을 실현하기 위해서는 엄청난 양의 데이터를 동시에, 그리고 빠르게 처리할 수 있는 컴퓨팅

능력이 요구된다. 이제 고도화된 인공지능을 이용해 정보 과잉시대에서 길을 잃고 헤매거나 불합리한 결정을 내리는 우를 범할 확률은 대폭 줄일 수 있게 되었다.

최근 생성형 인공지능이 조명을 받으며 등장한 또 다른 모델이 거대 언어 모델(Large Language Model, LLM)이다. LLM은 대용량의 인간 언어를 이해하고, 분석하고, 생성할 수 있는 딥 러닝 모델이다. ChatGPT가 대표적인 LLM이다. LLM은 트랜스포머(transformer) 모델을 기반으로 하며, 방대한 데이터를 사용해 훈련된다. 트랜스포머 모델은 LLM의 가장 보편적인 아키텍처로 인코더(encoder)와 디코더(decoder)로 구성되는데, 입력된 정보를 '토큰화(tokenization)' 한 다음 병렬적인 수학 연산을 통해 데이터를 처리함으로써 토큰 간의 관계를 도출한다. 여기서 '토큰'이란 문장을 구성하는 기본 단위로, 공백으로 분할되는 단어라 생각하면 이해하기 쉽다. 예를 들어, "This

[그림] 전통적인 정보처리 방식과 대별되는 인공지능 작동 방식

game is really fun."이란 문장에서 토큰은 'This', 'game', 'is', 'really', 'fun' 이렇게 다섯 개로 볼 수 있다. 중요한 건 컴퓨터는 인간과 다르게 단어 하나하나의 의미를 알지 못한다는 점이다. 그래서 인간의 언어를 컴퓨터가 이해하고 처리할 수 있는 형식으로 바꿔줘야 한다. 그것이 숫자이다. 입력 데이터가 토큰화 되면 토큰별로 ID가 할당되는데, 이 ID는 간단한 숫자의 조합이다. 그 다음 '임베딩(embedding)'이라는 과정에서 일련의 ID 들은 '벡터화(vectorization)' 되며 실수 행렬로 변환된다. 벡터화된 데이터들은 피드포워드 레이어(feedforward layer), 순환 레이어(recurrent layer), '어텐션(attention)' 또는 '셀프 어텐션(self-attention)' 메카니즘을 거치며 처리된다. 그 과정에서 입력된 단어들을 순서대로 파악하고, 문장에서 단어 간의 관계를 포착하며, 특정 단어 다음에 올 단어를 확률적으로 판단할 수 있다. 더 나아가 입력자의 의도를 기계적으로 파악하는 것도 가능하고, 미세 조정(fine tuning) 과정을 통해 모델의 정확도를 높일 수 있다. 소위 '프롬프트 엔지니어링'이 여기에 해당한다고 볼 수 있다. LLM이 인간처럼 자연어를 처리하고 인간과 상호작용하기 위해서는 매우 많은 수의 파라미터(parameter)를 동시 처리해야 하는데, 상용화된 대부분의 LLM은 수 억개 이상의 파라미터를 보유한다. 대중적인 ChatGPT-3는 1,750억 개의 파라미터를 보유한 것으로 알려져 있다(*출처: Wikipedia). 이렇게 고도화된 LLM을 사용해 인간은 자연스레 컴퓨터와 대화하며 친숙해질 수 있게 되었다. ChatGPT의 최신 모델인 ChatGPT-4o는 기존 텍스트를 통해 대화하던 방식을 뛰어넘어 음성으로 대화하는 서비스를 추가 제공한다. 음성 품질 및 응답 속도가 고도화돼 컴퓨터가 아니라 다른 사람과 대화하는 느낌을 준다고 한다. 앞서 얘기했던 튜링 테스트를 가볍게 통과할 수 있는 수준이다.

글로벌 초강대국 미국과 중국 간의 경쟁은 무역, 군사, 기술 등 다양한 영역에서 진행되고 있다. 기술 분야 중 최근 집중 조명을 받고 있는 분야가 AI 분야인데, 양국은 AI 기술력에서 세계 1, 2위로 평가된다. 미국은 OpenAI, 마이크로소프트, 구글, 메타, 아마존 등 다수의 빅테크 기업들을 필두로 하여 이 분야에서 독보적인 글로벌 리더의 지위를 유지해 왔다. 그러다 2025년 1월, 중국의 AI 스타트업 딥시크(DeepSeek)에서 출시한 추론 특화 모델 R1은 전 세계적으로 충격을 가져다주었다. 동사가 2024년 12월 발표한 LLM 모델인 V3도 OpenAI ChatGPT-4o와 대등한 성능을 보인다고 발표됐는데, 불과 1달 만에 추론 모델을 들고나온 것이다. 이 모델은 OpenAI의 추론 특화 모델 o1 대비 동등 이상의 성능을 보이는 것으로 평가됐는데, R1 개발을 위해 단지 139명의 연구진과 558만 달러(약 80억 원)의 학습 비용이 투입됐다고 발표해 놀라움을 자아냈다. 더 나아가 모델 운영을 위한 하드웨어는 엔비디아의 저사양 GPU인 H800 2,048개를 이용해 구축된 것으로 알려져 충격의 강도를 더했다. 미국의 빅테크 기업들이 LLM이나 추론 모델 개발을 위해 고사양 GPU H100 10,000개 이상을 사용하며, 개발 비용도 1억 달러 이상이 투입된다는 점을 상기하면 신선한 충격이 아닐 수 없다. R1 출시 직후, 애플 앱스토어 앱 다운로드 순위에서 딥시크 AI가 ChatGPT를 밀어내고 1위를 차지했으며, 엔비디아의 주가가 17% 급락했다는 사실은 충격의 강도를 실감케 한다.

당황한 OpenAI는 o1의 상위 버전인 o3의 저가형 모델 o3-mini를 곧바로 출시했다. 그러나 o3-mini 조차도 API(Application Programming Interface) 사용료가 R1 대비 2배 이상 높아 가성비 측면에서 그 경쟁력에 의구심이 드는 게 사실이다. 물론, 딥시크 AI에도 의문 부호는 남아 있다. 개발 과정이나 개발비의 투명성, 정보 보안문제 등이 그것이다. 그럼에도 불구하고, 이제 국가 간 AI 개발 경쟁은 본격화된 듯 하다.

3. 지능정보사회

인공지능은 이제 생활 속 곳곳에 들어와 있다. 아이폰 시리(Siri), 갤럭시 빅스비(Bixby)와 같은 스마트폰 음성인식 서비스, SK 텔레콤 누구(NUGU), KT 기가지니(GiGA Genie)와 같은 음성 AI 비서, OpenAI ChatGPT, 마이크로소프트 코파일럿(Copilot), 구글 제미나이(Gemini)와 같은 생성형 AI, 네이버 클로바(Clova), 아마존 알렉사(Alexa)와 같은 종합 AI 플랫폼 등 다양한 인공지능 서비스들이 제공되고 있다. 이 외에도 구글이나 네이버 검색, 유튜브 동영상 시청, 페이스북이나 인스타그램 접속 시 검색어 연관성이나 사전 시청기록, 기호 등을 분석하여 우선순위를 판별하고 적절한 콘텐츠를 노출하는 작업도 인공지능에 의해 이루어진다. 인터넷이나 앱을 통해 특정 제품을 검색한 기록은 관련 플랫폼에 기록되어 자연스레 유관 제품 광고에 연결되고, 유튜브나 넷플릭스의 시청기록은 또 다른 유관 영상 추천으로 이어진다. IT 및 전자회사, 통신사, 금융사와 상담 시 상담원 직접 통화보다는 챗봇 상담이 권장되고, 금융사들은 이상거래 탐지 또는 투자자 성향에 맞는 금융상품 추천을 위해 인공지능을 활용하기도 한다. 교통 분야에서도 실시간 교통상황 분석, 최단 거리 또는 최단 시간 분석, 차량호출 서비스, 자율 주행 서비스 등에 인공지능을 적극 활용하고 있다. 주식, 선물, 외환 거래에 있어서도 인공지능 알고리즘을 이용해 매수, 매도 시점을 포착해 자동 주문하는 시스템이 작동하고 있다.

우리가 살고 있는 사회는 이미 정보사회(혹은 지식정보사회)를 넘어 지능정보사회로 들어서 있다. 정보사회에서는 인터넷을 이용해 다량의 정보에 접근할 수 있었지만 정보의 생산, 재처리, 공유, 그리고 정보를 이용한 가치 창출에는 한계가 있었다. 이는 회전하는 정보량도 제한적이지만 정보를 재처리해 가치 있는 정보를 추출하고 그를 이용해 부가가치를 창출하는 일련의 작업이 주로 사람에 의해 불완전하게 이루어졌기 때문이다. 앞서 기술했듯 사람의 경우 인지력, 기억력, 판단력이 제한적이어 서로 상충되거나 연관성이 떨어져 보이는 다량의 정보에 노출될 시 혼란스러워 하거나 불합리한 결론을 내리는 경우가 많다. 지능정보사회에서는 인간의 이 부족분을 인공지능이 채워준다. 동시에 사회의 각 분야에서 수없이 많은 정보들이 실시간으로 생성, 취합, 저장, 공유된다. 물론, 고속 무선 통신망, 무선 근거리 통신망, 무선 공유기, 무선 통신 중계기 등 인프라 구축은 선결 요건이다.

지능정보사회에서 누릴 수 있는 효과는 다양하다. 우선, 일상생활에서 편의성, 효율성이 증진된다. 아침에 일어나면 AI 비서는 거주 지역,

관심 지역의 날씨를 예측하고 외출 시 옷차림을 추천해 준다. 스마트폰으로 가까운 정류장의 노선별 버스 운행 정보를 확인해 기다림 없이 버스에 탑승할 수 있고, 지하철을 이용하는 경우 환승 정보는 물론 가장 가까운 환승 게이트도 안내해 준다. 은행에 예금을 하거나 대출을 받는 경우, 은행별 이자율을 한 번에 비교해 볼 수 있고, 웬만한 금융 거래는 창구 방문 없이 스마트폰 안에서 스스로 해결할 수 있다. 이자율의 할증이나 할인은 덤이다. 중개인을 끼지 않고 개인 간에 관심 있는 물건 거래도(심지어, 부동산 거래도) 가능하다. 물론 이 경우, '당근', '중고나라', '번개장터'와 같은 플랫폼이 중개인의 역할을 대신한다고 볼 수 있다. 여러 플랫폼에 넘쳐나는 여러 가지 유용하고 잘 정리된 정보를 이용하면 누구나 요리, 자동차, 인테리어, 공예, 원예, 과학, 공학 등 모든 분야에서 반 전문가가 될 수 있다. 나도 모르는 사이에 내가 더 똑똑해지는 느낌이다. 이제 머릿속의 지식만으로 각 개인의 역량을 판단하는 시대는 지났다. 도처에 정보는 넘쳐나고 인공지능이 그 정보들을 처리해 우리가 적절한 판단을 하고 효율적으로 행동하도록 돕는다. 이 과정에서 지역 간, 세대 간 정보 및 인공지능 접근성 편차는 실재하며, 이의 개선을 위해 지속적인 노력이 수반되어야 한다.

지능정보사회에서 일상의 편의성, 효율성만 향상되는 것은 아니다. 사회의 모든 섹터들이 영향을 받고 있고, 섹터에 관계없이 생산성, 효율성이 증진되고 있다. 운송 분야에서는 '자율주행'으로 대표되는 운송 혁명을 예고하고 있다. 항공, 선박, 철도와 같이 상대적으로 복잡성이 덜한 운송 수단에서는 운전자 없이 자동 운항하는 기술들이 실제 적용되고 있으며, 너무나 많은 예기치 못한 상황들을 만나게 되는 도로 교통에서도 자율주행이 큰 진전을 보여 최근 실 적용사례가 늘고 있다. 모든 상황에 완벽히 대처하기 위해서는 많은 센서들에 의한 정보 취득, 다량의 정보 전달, AI에 의한 적절한 상황 판단 및 대응이 필요하다. 역설적이게도 AI의 적절한 판단을 위해서는 머신러닝이 충분히 진행되어야 하고, 다시 머신러닝 데이터를 확보하기 위해서는 AI가 가능한 많은 비상 상황에 노출되어야 한다. 즉, 자율주행 자동차를 시운전하며 많은 사고가 발생할수록 거기에 장착된 AI는 더 똑똑해질 수 있으나, 그럴수록 AI 자율주행에 대한 불신은 더 커지게 돼 추가 발전 동력은 떨어질 수 있다는 것이다. 테슬라는 2020년부터 선별된 자사 전기차 고객에게 자율주행(Full Self Driving, FSD) 프로그램을 제공한 이래 사용자의 폭과 누적 운행거리, 성능을 개선해 왔다. 2024년 말 배포가 시작된 FSD v13은 성능이 대폭 개선돼, 주차장에서 주차장까지 거의 완벽한 자율주행이 가능한 것으로 알려져 있다. 운전자가 팔짱을 끼고 있는 상황에서 최적 경로 파악, 자동 운행속도 조절은 물론 차선 변경, 끼어들기, 비보호 좌회전, 고속도로 진·출입 등 필요한 모든 주행을 무리 없이 진행해 소비자들의 좋은 평가를 받고 있다. 테슬라는 2025년 안에 우리나라에서도 자율주행 서비스를 제공한다는 계획이다.

제조업 분야에서도 대변혁이 가능하다. 신물질, 신제품 개발 시 기존 연구개발 데이터를 AI가 분석해 주요 제어인자를 도출할 수 있고, 인공지능을 탑재한 로봇을 이용해 무인 제조공정을 구축함으로써 제조 생산성을 증진할 수 있다. 로봇은 사람과 달리 24시간 작업할

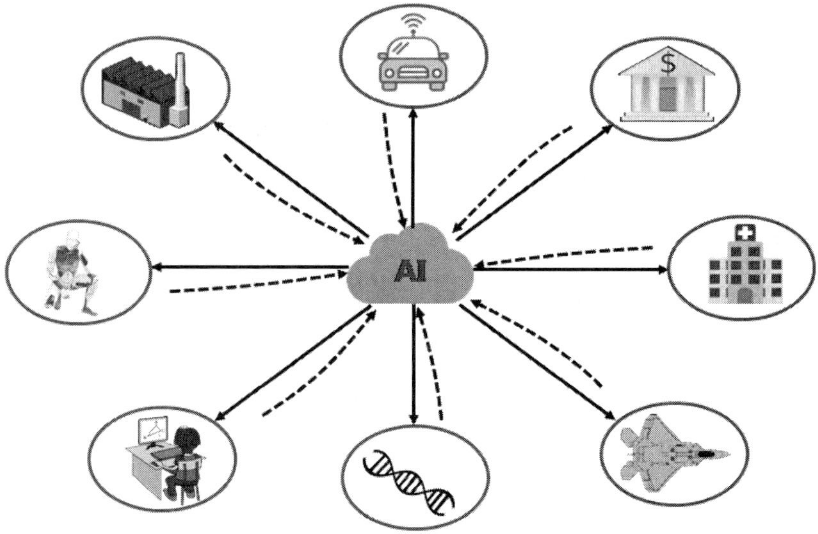

[그림] 점점 응용 폭을 확대하고 있는 AI

수 있고, 빠르면서도 실수가 없으며, 쾌적한 작업환경이 필요하지 않고, 로봇 간에 정보를 실시간으로 교환하며 협업도 가능하다. AI를 이용해 제품 오류를 빠르게 검지할 수 있고, 제조 라인의 유지 관리나 재고 관리, 수요 예측 등도 효율적으로 수행할 수 있다. 국방 분야에서도 AI를 접목해 전투 및 감시 효율성을 강화하고 있다. AI 참모를 이용해 전장의 상황을 정확히 분석해 적절한 판단을 할 수 있고, 드론과 무인 자율기와 같은 무인 전투체계를 구축해 적진 감시, 정보 취득, 정밀 타격을 할 수 있으며, AI 장착 전투기, 탱크 등을 이용해 지상전, 공중전 능력을 배가하고, 미사일에 AI를 접목해 명중률을 대폭 높일 수도 있다. 이 외에도 AI는 금융, 교육, 의료, 바이오 등 다양한 분야에서 활용되고 있고 그 활용 폭을 점차 넓혀가고 있다.

4. 부상하는 피지컬 AI

현재까지 AI의 가장 보편적인 사용은 음성이나 문자를 이용해 각종 질문에 답을 구하는 일일 것이다. 생성형 AI에서도 비슷하다. 물론, 사용 폭과 작업의 난이도는 대폭 올라갔어도 말이다. 프롬프트 엔지니어링을 통해 원하는 명령을 내리면 문서를 분석, 요약, 정리하거나 생성하기도 하고 이미지나 동영상을 만들어 내기도 한다. 놀랍도록 빠르고 완성도도 매우 높다. 거대언어모델이 이 모든 일들을 가능하게 했다. 이런 전통적인 AI 영역을 넘어 부상하는 영역이 피지컬 AI (physical AI)이다. 말 그대로 가시적인 물리적 실체에 AI를 접목하는 것이다. 문자, 언어는 보편성은 있으나 물리적 실체가 있는 대상이라 보기 어렵다. 이 피지컬 AI의 대표적인 분야가 앞에서 언급한 로봇, 자율주행이다. 젠슨 황 엔비디아 CEO도 CES 2025 기조연설에서 세상을 바꿀 미래 기술로 피지컬 AI를 지목했다. 그는 피지컬 AI를 로봇, 자율주행처럼 직접 눈에 보이는 방식으로 삶을 바꾸는 거스를 수 없는 차세대 물결이라 강조했다.

로봇은 앞 절에서 예로 든 산업 현장 외에도 다양한 분야에서 활용될 것으로 예상된다. 미국 시장조사업체 BBC에 따르면, 로봇 시장 규모가 2029년까지 현재의 2배 이상인 1,650억 달러 규모로 성장할 것으로 전망된다. 그렇기에 글로벌 기업들이 미래 먹거리 분야로 로봇을 선정해 집중적인 투자와 연구개발을 진행하고 있다. 현대차그룹은 2021년 미국의 로봇 전문업체인 보스턴 다이내믹스(Boston Dynamics)를 인수하여 자율 로봇 산업에 본격 진출한 이후 4족 보행 로봇 개인 '스팟

(SPOT)'을 출시했다. 이 스팟은 BMW 영국 공장에 실제로 투입돼 공장 감시업무를 수행 중인 것으로 알려졌다. 2023년에는 휴머노이드 로봇 '아틀라스(Atlas)'도 선보이며 사업 폭을 확장하고 있다. 삼성전자도 2021년 로봇 사업을 미래 전략 사업으로 선정해 많은 투자를 하고 있다. 2023년 레인보우로보틱스에 투자해 지분 14.7%를 확보한 이후 2024년 말 지분을 35%로 끌어 올려 최대 주주가 되었다. 레인보우로보틱스의 로봇 기술과 자사의 AI, 소프트웨어 기술력을 융합해 지능형 휴머노이드 로봇 개발에 박차를 가할 예정이다. LG전자도 로봇 사업에 진심이다. LG전자는 상업용 로봇 시장에서 두각을 나타내고 있는데 '클로이'라는 안내 로봇 패밀리가 유명하다. 2017년 인천국제공항에 안내 로봇을 도입한 이후 서빙 로봇, 물류 로봇 등을 출시하며 시장을 확장해 왔다. 2024년에는 미국 자율주행 서비스 로봇 분야 스타트업인 베어로보틱스(Bear Robotics)에 6천만 달러를 투자해 지분을 확보했고, 추가 투자를 통해 지분의 절반 이상을 확보한다는 계획이다.

로봇 분야에 AI를 접목하면 과거에는 불가능했던 많은 일들이 가능하다. 집에서 100 m 떨어진 이웃 집 앞에 선물을 배달하는 미션을 생각해 보자. 예전의 로봇이라면 불가능했을 것이다. 집에서 출발해 도착하는 과정 하나하나를 프로그래밍 해줘야 하는데, 이동 중 차량이나 사람을 만나거나 길에 요철이 있거나 길이 미끄러운 상황 등 예상치 못한 상황이 발생하면 로봇은 충돌이나 넘어지는 일이 발생하기 때문이다. 오늘날의 휴머노이드 로봇이라면 가능하다. 장착된 많은 센서에서 수집한 정보를 AI가 실시간 분석해 주변 상황에 맞는 판단을 하고,

다시 AI가 수백 개에 달하는 관절과 유압 시스템을 제어해 균형을 유지하며 걸을 수 있게 하기 때문이다. 심지어 음성 인식과 합성이 가능한 로봇이라면 주변 사람과 소통하며 미션의 수행 효율을 제고할 수도 있을 것이다. 2024년 미국의 로봇 스타트업 피규어 AI (Figure AI)가 OpenAI와의 협업을 통해 제작한 휴머노이드 로봇 '피규어01 (Figure01)'의 작동 시연이 발표되었다. 탁자 위에 사과, 컵, 식기 건조대 바구니에 담긴 식기들이 있는 상태에서 한 사람이 "먹을거리를 달라"고 하자 피규어01은 사과를 집어 그에게 건넸고, "왜 사과를 줬나?"라고 묻자 "탁자 위에 있는 유일한 음식이기 때문에"라고 답한다. 또, "식기들은 어디로 가야 해?"라고 묻자 "식기 건조대에 들어가야 한다"고 답한다. 사람과 기계 사이의 대화가 아닌 사람 두 명이 자연스럽게 대화하는 것 같다. 25년 전 일본 혼다사가 개발한 최초의 휴머노이드 로봇 '아시모(ASIMO)'의 성능에 견주면 정말 엄청난 도약이다.

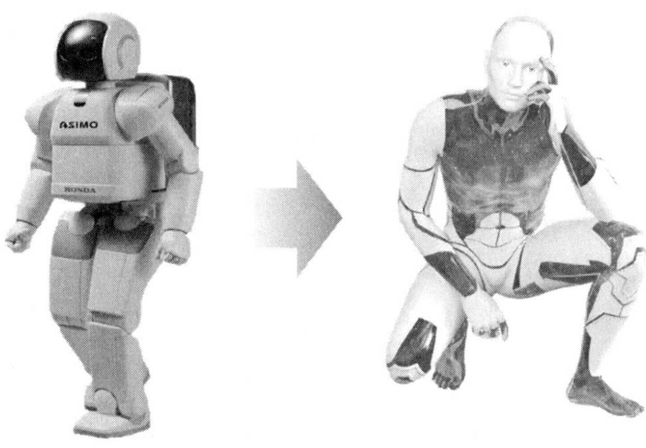

[그림] 휴머노이드 로봇의 진화

영화 '스타워즈'에 등장하는 C-3PO가 현실이 된 것만 같다. 로봇 분야 피지컬 AI가 성장하면, 가정용 로봇 도우미를 넘어 로봇 군인, 로봇 경찰, 로봇 공무원, 로봇 의사, 로봇 노동자 등 사회의 많은 직능 영역에서 사람의 역할을 대신하는 로봇들이 등장하지 않을까? 아직은 좀 이른 감이 있지만 상상할 수 있는 미래이다. 이 단계에 도달하기 전 피지컬 AI의 적용 범위, 이에 따른 인간 역할의 축소, 인간 역할의 재정립 및 필요한 교육 등 잠재적 갈등 요인에 대한 사회적 논의가 필요할 것이다.

자율주행 분야도 마찬가지다. 사람의 개입 없이 자동차가 안정적으로 주행하기 위해서는 주변 상황을 항상 감지, 인식, 분석해 스스로 순간 판단을 하고 적절한 후속 동작들을 시행해야 한다. 신호등이 빨간불로 바뀌면 순간적으로 인식해 정차선 전에 가능하면 부드럽게 멈춰야 하고, 코너를 돌다가 사람이 갑자기 뛰어나오면 사람의 출현을 순간 인식해 빠르게 멈춰야 한다. 도로에 공사 구간이 있으면 이를 인식해 차선을 바꿔야 하고, 큰 돌이 있거나 구덩이가 있으면 이 또한 피해 가야 한다. 바닥이 결빙되어 있거나 눈이 쌓여 있으면 사전에 인지해 천천히 감속해야 한다. 이런 복잡한 상황 대처를 위해서는 생성형 AI의 거대언어모델이나 초기 AI의 패턴인식기술만으로는 부족하다. 물론 전통적인 컴퓨터 프로그래밍 방법으로는 대처할 수 없음은 자명하다. 많은 센서들이 주위 사물과 상호작용하며 자동차 주변 및 전방의 상황을 실시간으로 파악하고, 취득한 정보들을 빠르게 처리해 순간적인 판단을 한 다음 자동으로 자동차 주행 시스템에 피드백해야 한다. 이 과정을 활성화하기 위해서는 3차원 모델이 필요하며 엄청난 양의 디지털 데이터 처리는 필수적이다. AI의 역할이 핵심적인데, AI는 사전에 최대한 많은 가변 상황에 노출돼 적절한 상황 대처를 스스로 학습해야 한다. 이 과정을 통해 상황별 모범 대처법이 정립되며, 학습량이 많아질수록 복수의 사건이 중첩된 복합 상황에서도 적절한 판단을 할 수 있는 역량을 갖추게 된다. 아기가 성장하며 걷고, 말하고, 사회 활동을 하는 데는 오랜 시간이 걸리지만, 피지컬 AI는 학습 데이터만 충분히 공급되면 빠르게 인지능력을 키울 수 있다.

5. 제품 부가가치 대 정보 부가가치

이제 산업 활동을 통한 가치 창출 측면에서 살펴보자. 산업 활동의 주 목적은 수익을 만들기 위함인데, 수익은 부가가치에 포함되어 나타난다. 그렇기에 산업 활동을 통해 만들어 내는 부가가치의 크기는 중요하다. '부가가치'란 말 그대로 새로이 추가된 가치로, 일반적으로는 '생산 제품의 총 금액(판매액)에서 그 생산을 위해 매입한 원자재 등 중간 투입액을 공제한 순 생산액'으로 규정한다. 예를 들어, 자동차는 차체, 엔진, 트랜스미션, 연료 공급장치, 현가장치, 조향장치, 제동장치, 흡·배기장치, 냉각장치, 내·외장재, 타이어, 배터리, 각종 전장 등 많은 부품으로 구성되는데 완성차 업체는 각 부품 생산업체로부터 필요 부품들을 납품받아 조립함으로써 자동차를 생산·판매하게 된다. 이때 '판매액 – 부품 구입 총액'이 창출한 부가가치가 된다(차감법). 또 다른 부가가치 계산법인 가선법을 이용하면 부가가치 생산요소 간 분배 측면에서 살펴볼 수 있는데, 이 경우 부가가치는 '직원 임금+

대출 이자+임대료+공장 유지관리비+조세공과금+감가상각액+경상이익'으로 구성될 것이다. 이렇게 일정기간(보통, 1년) 동안 한 나라 영토 안에서 생산한 부가가치 총합을 그 나라의 국내 총생산(GDP)이라 한다.

자동차 산업뿐만 아니라 모든 산업 영역은 그 규모에 관계없이 일정 수준의 부가가치를 만들어 낼 수 있다. 의류 제조업은 원단을 구입해 가공·판매하여 부가가치를 만들어 내고, 농업은 씨앗과 농약을 투입해 작물을 경작함으로써 부가가치를 창출한다. 동네 식당, 빵집은 식재료를 구입해 각종 음식, 빵 등으로 조리해서 부가가치를 생산하고, 커피 전문점은 커피 원두로부터 부가가치를 만들어 낸다. 이런 부가가치들은 전통적으로 제품 생산을 통해 만들어진 부가가치란 점에서 '제품 부가가치'라 명명할 수 있다. 우리가 편의점, 마트에서 구매하는 모든 제품에는 10%의 부가가치세가 부과된다는 점에서 부가가치 생산은 경제 활동의 근간이라고도 할 수 있다.

전통적인 산업 기반에서 부가가치를 높이려면 중간 투입을 줄이고도 목적 성능을 달성하거나, 제품 성능을 개선하거나, 생산품의 완성도 또는 희소성을 높여 판매가를 높여야 한다. 예를 들어, 자동차의 경우, 각종 부품 생산 단가를 낮추거나 자동차의 가속 능력, 승차감 등 성능을 높이거나 자동차 생산량은 줄이는 대신 품질 향상에 집중하는 전략이 여기에 해당한다. 이 중 처음 두 가지는 기술 혁신을 통한 부가가치 제고 전략이고, 세 번째는 고급화, 차별화 전략이라 할 수 있다. 사실 이런 전략들은 모든 산업 영역에서 채택되어 부가가치의 지속적인 상승을 견인해 왔다.

그러나 이런 전략들은 점차 한계에 봉착하고 있다. 일례로, 1980~2010년 사이 세계 경제는 대체로 4~5% 수준의 높은 성장률로 성장했다. 물론, 1998년 IMF 외환위기, 2008년 글로벌 금융위기 시기에는 경제성장률의 급격한 하락도 경험했지만 이듬해 곧바로 원 수준을 회복했다. 그러나 세계 경제성장률은 2010년 이후 3% 초반 수준으로 떨어져 반등하지 못하고 있다. 우리나라의 경제성장률 변화 추이도 유사하다. 다만, 우리나라의 경우, 1960년에서 2000년대 초까지 7%를 상회하는 높은 경제성장률을 보이다가 2015년 이후에는 세계 경제성장률에도 못 미치는 2% 초, 중반대의 성장률을 보여 왔다는 점에서 경제 활력 저하가 더 심각하다고 볼 수 있다. 이러한 사례는 기존 제품 부가가치 제고 전략이 한계에 봉착했음을 암시하기도 한다. 이러한 상황에서 2010년대에 강하게 불기 시작한 지능정보기술들은 패러다임의 전환을 불러오고 있다.

지능정보사회에서 창출하는 부가가치의 핵심은 전통적인 제품 부가가치와 차별화되는 점들이 있다. 왜냐하면 지능정보사회에서 생산하는 부가가치의 상당 부분은 정보의 생산, 수집, 이용에 의존하고 있기 때문이다. 이렇게 정보에 의존하는 부가가치를 전통적인 제품 부가가치와 차별화해 '정보 부가가치'라 명명할 수 있을 것이다. 물론, 지능정보사회에서도 제품의 생산과정에서 만들어 내는 부가가치는 여전히 큰 영역을 차지하고 제품 부가가치와 정보 부가가치를 엄밀히 구분하는 것도 쉽지 않다. 예를 들어, 창업한 동네 베이커리가 제빵 과정에서 어려움을 겪던 와중에 누군가 핵심 발효 기술을 전수해 준 다음 발효 시간을 반으로 줄이고 빵 맛도 좋아져 매출이 2배로 증가했다면 이때 생산된 부가가치는 제품 부가가치에 정보 부가가치가 섞여 있다고 볼 수 있다. 왜냐하면, 핵심 발효 기술이라는 정보가 제품 생산에 반영돼 부가가치가 만들어졌기 때문이다.

이런 사례 말고 정보 부가가치가 강하게 실감되는 사례는 많다. 대표적으로 플랫폼 사업이 있다. 생산자와 소비자를 연결해 서로 거래할 수 있는 환경을 제공하는 플랫폼, 다수의 사람들이 생산한 콘텐츠를 올려 불특정 다수의 사람들이 볼 수 있게 하는 플랫폼, 개인이 생산한 콘텐츠를 특정 다수의 사람들과 공유할 수 있게 하는 플랫폼, 소수의 그룹원들이 원활하게 소통 및 정보 교환을 할 수 있게 하는 플랫폼, 온라인 게임 유통 플랫폼, 학술정보나 기술정보 접속 및 거래 플랫폼, 이미지나 이모티콘 거래 플랫폼, 동영상 스트리밍 서비스 제공 플랫폼, 구직자와 구인자를 연결해 주는 플랫폼 등 다양한 플랫폼들이 다양한 이름으로 운영되고 있다. 이들 플랫폼들은 대개 광고비나 구독료, 회비, 수수료, 접속료, 다운로드료 등의 형태로 수익을 창출하는데, 유형의 제품을 생산하는 대신 정보를 교환할 수 있는 장을 마련하거나 실제 정보 교환을 통해 부가가치를 창출한다는 점에서 정보 부가가치 생산자들로 볼 수 있다. 플랫폼 사업자들뿐만 아니라 플랫폼에 콘텐츠를 올려 수익을 만들어 내는 유튜버, 틱톡커, 플랫폼을 이용해 게임, 동영상, 학술정보, 기술정보, 이미지 등을 거래함으로써 수익을 올리는 사업자들도 정보 부가가치를 만들고 있는 것이다. 플랫폼이 아니더라도 기술 동향 정보, 수요예측 정보 등 고급 정보들은 고가로 거래되고 있고, 특허권, 상표권, 저작권과 같은 지식재산권도 거래되는데 이때 만들어지는 수익은 모두 정보 부가가치 영역으로 볼 수 있다.

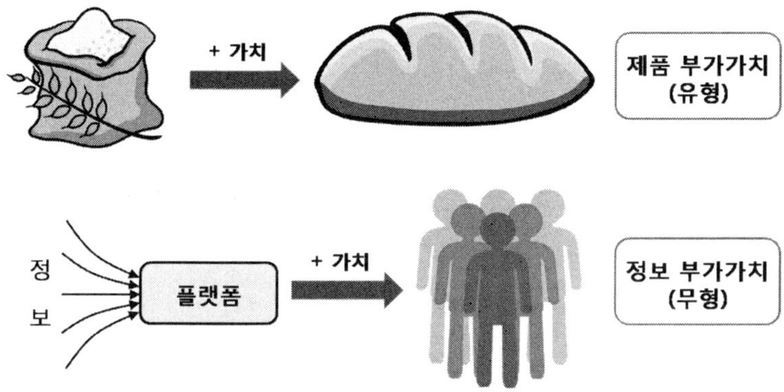

[그림] 제품 부가가치와 정보 부가가치의 차이

정보 부가가치는 생산 방식에서도 전통적인 제품 생산 방식과 다르다. 전통 경제학 이론에 따르면 생산의 3요소는 토지, 노동, 자본이다. 전통적인 제품 생산을 위해서는 이 세 가지가 필수적이다. 그러나 위에 언급된 정보 부가가치 생산을 위해서는 토지는 필요 없다. 성능 좋은 컴퓨터 또는 카메라 정도면 충분하다. 노동은 여전히 필요하나 육체노동 대신 정신노동이 주가 된다. 자본도 크게 필요하지 않다. 좋은 컴퓨터, 카메라, 스마트폰을 구입할 수 있는 정도면 족하다. 오히려 정보가 중요하다. 고품질의 정보를 다량 보유하는 것이 자본의 역할을 대신할 수도 있다.

플랫폼 운영자들뿐만 아니라 플랫폼에 참여하는 기업, 개인들이 기하급수적으로 증가하며 소위 '플랫폼 경제(platform economy)' 규모가 빠르게 성장하고 있다. 이 플랫폼 경제에서는 정보 부가가치 생산이 중요한 역할을 하며, 단순히 제품의 질보다는 이해 당사자 간 효율적인 연결이 수익 창출의 열쇠가 된다. 세계경제포럼은 2025년 글로벌 디지털 플랫폼 매출액이 약 7경 2,000조 원에 달해 전체 기업 매출의 30%를 차지할 것이라 전망하고 있다. 우리에게 익숙한 글로벌 기업들인 마이크로소프트, 애플, 알파벳(구글), 페이스북(메타), 아마존이 모두 플랫폼 기업으로 분류된다는 점에서 플랫폼 경제는 이미 우리 곁에 와 있음을 실감할 수 있다.

세계 경제 구조의 변천은 최근 30년 간 글로벌 기업 시가총액 순위 변화에서도 확인할 수 있다. 아래 표에서 볼 수 있듯, 1989년에는 경제 부흥기에 있던 일본 기업들이 상위 10개 중 8개를 차지하며 압도적인 위상을 보였고 업종으로는 금융업이 과반을 차지했다. 20년 후인 2009년에는 일본 기업들은 사라지고 대신 중국 기업 3개가 상위 10위 안에 들어와 빠르게 성장하는 중국 경제를 대표했다. 업종으로는 금융과 석유업이 주도적이었고, 플랫폼 기업 2개(마이크로소프트, 알파벳)

순위	1989년	2009년	2019년
1	NTT	페트로차이나	마이크로소프트
2	일본흥업은행	엑손모빌	애플
3	스미토모은행	마이크로소프트	아마존
4	후지은행	중국공상은행	알파벳
5	다이이치칸교은행	월마트	버크셔헤서웨이
6	IBM	중국건설은행	페이스북
7	미쓰비시은행	BHP그룹	알리바바
8	엑손	HSBC홀딩스	텐센트
9	도쿄전력	페트로브라스	JP모건
10	로열더치쉘	알파벳	존슨&존슨

가 순위 안에 진입했다. 다시 10년 후인 2019년에는 그간 상위 10위 안에 꾸준히 자리하고 있던 석유 기업들은 사라지고 플랫폼 기업들이 7개를 차지하며 경제 구조의 대변환을 보여주고 있다.

6. 데이터센터와 클라우드

시간이 갈수록 디지털 데이터 생성, 사용량이 급증하고 있고, 지능정보사회에서는 실시간으로 다량 생성되는 데이터의 취합, 저장, 공유, 처리가 중요하다는 사실을 알았다. 데이터는 휴대용 무선통신기기(스마트폰, 태블릿 등), 컴퓨터, IoT, 자율주행차, CCTV, 로봇 등 다양한 기기로부터 생성되고 사용될 수 있다. 그러면 실시간으로 생성되는 그 많은 데이터들은 어디에 저장될까? 데이터를 분석, 재처리, 이용하기 위해서는 1차 생산된 데이터들을 어디엔가 저장해야 하기 때문에 이는 중요한 문제이다. 데이터 생산 기기에 저장하는 것이 첫 번째 방안이고, 전통적으로는 이 방식을 취했다. 그런데 데이터 생산량이 너무 많다. 가장 보편적인 데이터 취급 기기인 스마트폰의 경우, 1대당 월 데이터 사용량이 15.8 GB에 달한다(2023년 7월 기준). 이에 비해 삼성의 최신 스마트폰인 갤럭시 S24의 내장 메모리는 8 GB, 스토리지는 최대 512 GB에 불과하다. 이 스마트폰이 평균적인 데이터를 사용하고, 사용 데이터를 내장 메모리에 저장한다면 그 메모리는 보름 만에 차게 되고 스토리지에 저장하더라도 약 1달이면 최고 저장 수위에 도달할 것이다. 애플 스마트폰 최신 버전인 아이폰 15의 최대 저장용량도 동일하다. 다른 기기들의 사정도 별반 다르지 않다.

그렇다고 급증하는 데이터 수요에 맞춰 기기 내 저장용량을 늘릴 것 같지도 않다. 일례로 2021년 출시된 갤럭시 S21의 최대 스토리지나 2024년 출시된 S24의 최대 스토리지는 512 GB로 동일하다. 이 기간 월 평균 데이터 생산·사용량은 급증했는데도 말이다. 내장 메모리 용량을 늘리려는 일부 계획도 있으나 이건 데이터 생산량을 감당하기 위해서가 아니라 프로세싱 속도 향상, AI 기능 추가 등의 목적에서다.

그래서 등장한 것이 데이터센터이다. 데이터센터는 서버, 스토리지를 포함한 ICT 기기를 특정 공간에 집적시키고 통합·관리하며 안정적이고 지속적인 데이터의 저장, 처리, 제공을 도모하는 시설이다. 데이터센터와 혼용해서 많이 사용되는 용어로 '클라우드(cloud) 데이터센터' 또는 '클라우드'가 있다. 둘의 차이를 굳이 구분하자면 데이터센터는 데이터를 저장, 관리하는 물리적 시설인 반면 클라우드는 서버, 스토리지, 프로그램과 같은 데이터센터 자원을 다수의 개인이나 기업이 광범위 네트워크를 이용해 접속·활용할 수 있게 해주는 가상 IT 환경이다. 클라우드 서비스는 상업용으로 활발하게 이용되고 있는데 앞에서 언급된 플랫폼 경제의 근간이 된다. 아마존 웹 서비스(Amazon Web Services, AWS), 마이크로소프트 Azure, 구글 클라우드 플랫폼은 세계 클라우드 서비스 시장을 석권하고 있는 3강이다. 이들 대규모 클라우드 기업들은 자체 데이터센터를 구축해 클라우드 서비스를 제공하고 있지만 외부 데이터센터를 이용해 클라우드 서비스를 제공하는 기업이나 공공기관이 훨씬 더 많다. 따라서 디지털 경제, 지능정보 사회가 심화 될수록 데이터센터 수요는 증가할 수밖에 없다.

실제로 데이터 사용량의 증가 추세와 맞물려 데이터센터 수도 급증하는 추세이며, 2023년 전 세계 데이터센터는 11,000개를 넘어선 것으로 추산된다(2023년 12월 기준, *출처: statista.com). 그 중 미국의 데이터센터 수는 5,388개로 압도적으로 많은 수를 차지한다. 우리나라의 경우, 2000년 52개이던 데이터센터가 2022년 187개까지 증가했으며 그 중 56.1%인 105개가 수도권에 위치하고 있다(*출처: 한국데이터센터연합회). 수도권에서 대부분의 기업 및 상업활동이 이루어지기 때문이다. 이런 빠른 증가세에도 불구하고 최근 경쟁적으로 도입되고 있는 AI 플랫폼 운영을 위해 추가적으로 AI 데이터센터 구축 필요성도 증가하고 있다. 왜냐하면 고효용 AI 서비스 제공을 위해서는 우수한 모델과 정확한 파라미터 도출이 필요한데 이를 위해서는 빅데이터를 확보·관리하며 병렬 GPU 연산을 통해 지속적인 트레이닝이 요구되기 때문이다. 이런 사실들로부터 데이터센터는 현 IT 문명의 지속적 발전을 이끄는 첨병 역할을 한다 해도 과언이 아닐 것이다. 2014년 과천 삼성 SDS 데이터센터 화재로 삼성카드, 삼성생명, 삼성화재 등 삼성 계열사들의 전산 서비스가 마비된 사고, 2022년 판교 SK C&C 데이터센터 화재로 카카오톡, 카카오메일, 카카오페이, 다음 메일 서비스가 중단된 사고는 데이터센터의 중요성을 실감케 해준다.

데이터센터와 관련해 2024년 3월, 흥미로운 뉴스가 공개됐다. 그것은 마이크로소프트와 OpenAI사가 공동으로 2028년까지 AI 전용 초거대 데이터센터를 구축한다는 것이었다(*출처: 디 인포메이션). OpenAI의 생성형 AI 모델을 한 단계 도약시키고, 막대한 데이터를 빠르게 처리해 인공지능 기술 주도권을 확보하기 위함이다. 일명 '스타게이트(Stargate) 프로젝트'로 알려진 이 프로젝트 추진을 위해 마이크로소프트는 1000억 달러(약 145조원)를 투자할 계획이다. 이 금액은 우리나라 1년 예산의 22%에 해당하고, 일반적인 데이터센터 구축 비용의 100배에 달한다. 운용 과정에서 소모되는 전력량도 5 GWh에 이를 정도로 막대할 것으로 예상된다. 이 프로젝트는 단계적으로 추진되는 것으로 알려져 있으나, 구축 장소는 물론 집적형으로 구축될지, 분산형으로 구축될지 조차도 베일에 가려져 있다. 한 가지 확실한 건 프로젝트 추진 과정에서 수백 만개의 고성능 반도체 칩들이 들어갈 것이라는 점이다. 엔비디아 GPU는 물론 다량의 CPU, 메모리들이 사용될 것이다. 반도체 칩의 확보는 프로젝트 성공의 열쇠이기 때문에 마이크로소프트는 여러 칩 제조사들을 검토하는 한편, 고성능

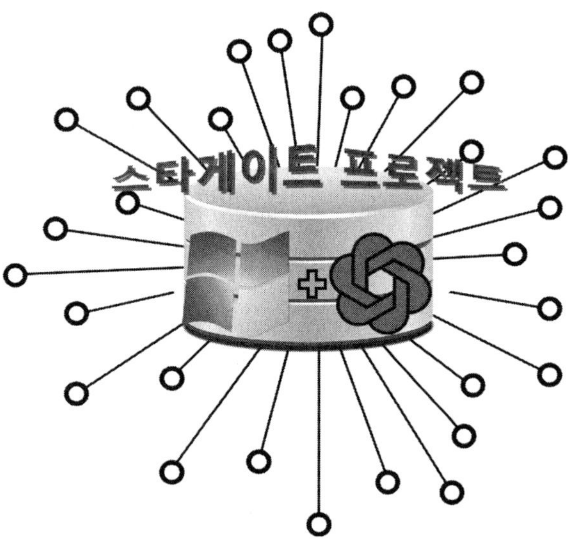

[그림] 초거대 데이터센터 '스타게이트' 프로젝트

칩 자체 설계도 고려하고 있는 것으로 알려져 있다. 이 경우, 설계된 칩의 제조는 TSMC를 위시한 파운드리사의 몫이 될 것이다. 국내 반도체 기업들도 프로젝트 추진 동향을 잘 살펴 특수를 노려볼만 하다.

그리고 스타게이트 프로젝트가 언론에 공개된 후 채 1년이 지나지 않은 2025년 1월, 미국 트럼프 행정부가 시작한 지 이틀째 되는 날에 트럼프 대통령은 '스타게이트' 프로젝트로 명명된 초거대 AI 인프라 건설 프로젝트 출범을 발표한다. 이 프로젝트를 위해 OpenAI, 오라클, 소프트뱅크 3사가 합작사를 설립해 총 5000억 달러(한화 약 725조 원)를 투자한다고 한다. 2024년 공개된 동명의 프로젝트에 비해 5배에 달하고 우리나라 1년 예산보다도 많은 금액이다. 2024년 공개된 프로젝트의 확장판으로 보이는데, 특이한 점은 마이크로소프트의 역할이 기존 대비 축소돼 단순 파트너사로 참여하는 것으로 발표된 점이다. 프로젝트 추진 계획은 2024년 버전보다 좀 더 구체화 되었다. 우선 1단계에서 1000억 달러를 투자해 텍사스주에 데이터센터 밀집 캠퍼스를 건설하고, 2단계에서 추가로 4000억 달러를 투자해 여타 지역에 캠퍼스를 확대 건설한다는 계획이다. 프로젝트 투자액이 대폭 확대된 만큼 글로벌 반도체 칩 제조사들의 참여 기회와 특수 규모도 확대될 것으로 예상된다.

데이터센터를 이용한 클라우드가 작동하는 방식은 간단하다. 위에서 언급한 다양한 기기들에서 생성된 데이터는 유·무선 네트워크를 타고 클라우드로 전송되어 저장, 처리된다. 반대로 말단 기기(엣지 디바이스)에서 요구되는 데이터나 프로그램들은 클라우드에서 기기로 역방향 전송되어 내부 메모리에 저장 후 처리된다. 광대역 방식을 채택해 음성, 문자, 동영상, 이미지 등 다양한 데이터들의 다중 전송이 가능하다. 그러나 여기에는 약간의 문제가 있다. 우선, 클라우드의 물리적 실체인 데이터센터는 그렇게 많지 않은 반면 말단 기기는 엄청나게 많다. 이는 데이터센터와 기기 간 물리적 거리는 길고, 각 데이터센터에 몰려드는 데이터량은 방대함을 의미한다. 필연적으로 '트래픽 과다', '신호 지연' 문제가 발생할 수밖에 없다. 여기에 더해, 불특정 다수의 과도한 접속 데이터를 처리하는 과정에서 개인 정보나 데이터 보안 이슈가 발생할 수 있고, 대역폭이 넓어지는 문제도 수반된다.

그래서 등장한 것이 엣지 컴퓨팅(edge computing)이다. 엣지 컴퓨팅은 클라우드의 하위구조, 엣지 디바이스의 상위 구조로 말단 기기 내부나 인근에 소규모 서버와 스토리지를 구축해 각 기기에서 생산·사용하는 데이터를 빠르게 저장·처리하는 개념이다(아래 그림 참조).

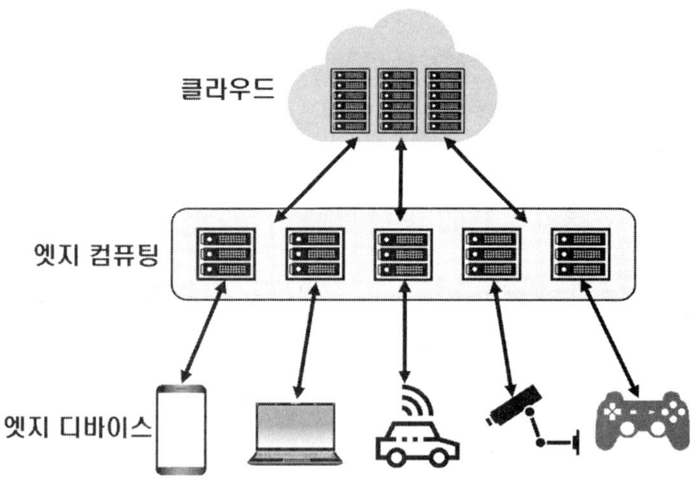

[그림] 데이터 처리 계층 구조

이를 통해, 클라우드에 집중되는 데이터를 분산해 트래픽을 완화하고 데이터 처리 속도를 높일 수 있어 IoT나 자율주행처럼 다량의 데이터를 빠르게 통신해야 하는 응용 분야에 적합하다.

7. 데이터센터 구성과 전력

이렇게 중요한 데이터센터는 어떻게 구성될까? 가장 먼저 떠오르는 구성 요소는 서버와 스토리지다. 서버는 네트워크와 데이터센터의 자원을 공유하도록 돕는 장치이다. 쉽게 말하면 말단 기기에 필요한 데이터, 애플리케이션, 서비스를 제공하는 고성능 컴퓨터로 인식하면 된다. 스토리지는 말단 기기에서 생산·전송한 데이터나 자주 사용하는 데이터를 보관하는 장치이다. 일반적으로 자주 사용하는 데이터는 서버 내의 로컬 스토리지에 보관하고 그렇지 않으면 네트워크로 연결된 스토리지를 사용한다. 서버와 스토리지는 일반적으로 '랙(rack)'이라고 하는 캐비닛 공간에 거치한다. 우리가 매스미디어를 통해 자주 보게 되는 데이터 센터 이미지는 바로 이 랙들의 배열이다. 데이터센터와 외부 네트워크 간에, 그리고 데이터센터 내부의 서버와 서버 또는 서버와 스토리지 간에 상시적인 네트워킹이 필요한데 이 역할을 담당하는 장치를 네트워크라 한다. 이 네트워크는 일반적으로 스위치, 라우터, 광섬유 등으로 구성된다.

데이터센터 가동을 위해서는 막대한 전력이 요청되기에 전력 공급 장치들도 중요하다. 발전소의 전력을 공급받아 데이터센터로 연결하는 시설, 이 전력을 필요한 파트들에 안정적이고 효과적으로 분배하는 전력 분배장치(PDU), 전력 공급을 위한 보조장치인 배터리와 이 배터리로 구성되는 무정전 전력 공급장치(UPS), 비상 상황에서 자가발전을 위한 발전기가 여기에 해당한다. 데이터센터의 환경조건도 민감한 사안이다. 데이터센터 내부가 과열되거나 습도가 높으면 하드웨어가 손상되거나 서버가 다운될 수 있기 때문이다. 먼저 데이터센터는 적절한 온도 범위에서 가동되어야 한다. 이를 위해 공냉과 수냉을 동시에 시키는데 공냉은 강한 공기 순환이나 에어컨을 이용하고, 수냉을 위해서는 랙 하단에 냉각수를 흘리거나 서버를 아예 냉각수에 담그기도 한다. 습도 유지를 위해서는 센서, 환기 시스템, 습도 유지 시스템을 가동시켜야 한다. 이 외에도 CCTV와 각종 방재시스템, 인프라 관리(Data Center Infrastructure Management, DCIM) 시스템이 잘 구축되어야 한다.

위에서 언급한 것처럼 데이터센터 운영을 위해서는 막대한 전력이 소비된다. 이런 이유로 데이터센터는 '전기 먹는 하마'라는 달갑지 않은 애칭을 갖게 됐다. 구성 요소별 전력 소비를 분석해 보면 서버, 스토리지, 네트워크 등 IT 설비에서 전체 전력의 약 50%를, 냉각

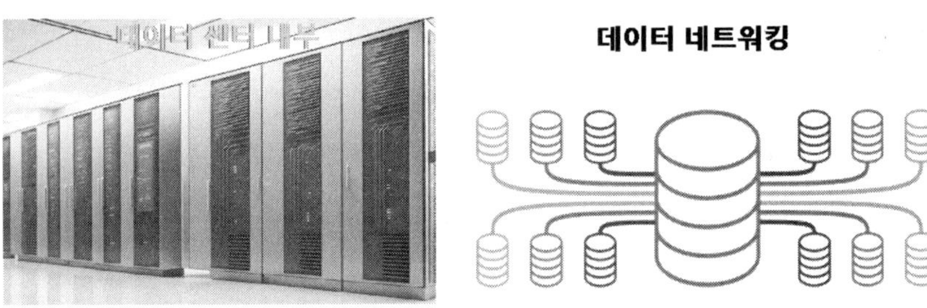

[그림] 데이터센터 내부 이미지와 가상 데이터 네트워킹

부분에서 25%, 환기 부분에서 12%, 전력 공급 및 UPS 부분에서 10%를 소비하는 것으로 알려져 있다. IT 설비와 냉각·공조 시스템에서 사용하는 전력이 대부분을 차지한다는 사실을 알 수 있다. 2020년 기준, 전 세계 데이터센터 전력 소비량은 200～250 TWh로 전체 전력 소비량의 약 1%를 차지하는 것으로 나타났다. 이 정도의 소비 전력은 남아프리카공화국의 전체 전력 소비량을 상회하고 인도네시아의 전체 소비량에는 조금 못 미치는 수준이다. 문제는 데이터센터 전력 소비량이 2026년까지 일본 전체의 전력 소비량과 맞먹는 1,000 TWh에 이르고, 2030년까지 전 세계 전력 소비량의 8% 수준으로 상승할 것으로 예측된다는 점이다(*출처: IEA).

데이터센터에서 직접 소비하는 전력 외에도 각종 데이터 취급 기기(말단 기기)에서 소비하는 전력도 있다. 가장 널리 사용하는 휴대기기인 스마트폰이 소비하는 전력을 살펴보자. 스마트폰 내장 배터리를 모두 소진할 시 20 Wh의 전력을 소모하고 하루에 한 번 꼴로 스마트폰을 충전한다 가정하면, 전 세계에서 스마트폰으로 소모하는 전력량은 아래와 같다. 여기에서 전 세계 스마트폰 보급률은 2020년 데이터인 78.05%를 차용하고(*출처: Statista), 세계 인구는 78억 명으로 잡았다.

$$7{,}800{,}000{,}000 \times 0.781 \times 20\,\text{Wh/일} \times 365\,\text{일}$$
$$= 4.45 \times 10^{13}\,\text{Wh} = 44.5\,\text{TWh}$$

이 또한 상당히 큰 전력 소비량임을 알 수 있다. 여기에, 개인용/기업용 PC, 노트북, 태블릿 등 보편적인 정보기기의 전력 소비량까지

고려하면 디지털 지능정보사회에서 데이터의 생산, 저장, 처리에 소비되는 전력량의 규모를 어렴풋이나마 짐작할 수 있다. 실로 막대한 양이다.

8. 전력이 문제인가?

우리에게 너무도 친숙한 '전력'에 대해 다시 한 번 짚고 넘어가 보자. 전력(electric power)은 일종의 일률(power)로 '단위 시간당 전류가 수행할 수 있는 일의 양' 또는 '단위 시간 당 공급(또는 사용된) 전기 에너지의 양'을 나타낸다. 물리학에서 '일(W)은 물체에 힘(F)이 작용해 물체가 일정 거리(S)를 이동할 때, 가해진 힘 중 이동 방향 성분(F·cosθ)과 이동 거리의 곱'으로 표현된다. 즉, 'W=FScosθ'이다. 그러나 이것은 역학 분야에 타당한 정의로 전류가 힘을 가해 물체가 이동한다는 개념은 그렇게 직관적이지 않다. 그래서 전력을 논할 때에는 후자의 정의를 이용하는 것이 더 편하다. 전류는 전자와 같은 전하의 흐름이고, 이런 전하가 흐르기 위해서는 전압 또는 전위차가 존재해야 한다(농도 구배에 의한 전류 흐름은 무시). 이때 흐르는 전류는 연산을 하거나 조명을 밝히고, 가열을 하거나 전동기를 구동시키는 등 다양한 일을 할 수 있다. 여기서 할 수 있는 일의 크기(전달되는 전기 에너지의 크기)는 전압(V)이 클수록, 그리고 전류(I)가 클수록 커진다. 물론, 행해진 일의 총량은 전류와 전압이 공급된 총 시간(t)에 비례해 증가한다. 즉, 총 전기 에너지는 'E=IVt'의 형태로 표현된다. 전력(P)은 단위 시간당 전기 에너지의 양이므로 'P=E/t=IV'라는 간단한 형태를 띤다.

전력의 단위는 와트(Watt, W)인데, 이는 1초 동안 1 줄(Joule, J)의 일을 하거나 에너지를 전달했을 때의 양이다. 여기에서 일 또는 에너지의 표준 단위로는 줄을 사용하는데, 1 줄은 물체에 1 뉴턴(Newton, N)의 힘을 가해 1 m를 이동시켰을 때 행해진 일에 해당한다.

전력은 일률이기 때문에 행해진 일의 크기나 소비된 전기 에너지의 양을 의미하지는 않는다. 우리에게 실질적인 의미를 갖는 전력 소비량은 '전력×시간'으로 간단하게 계산할 수 있다. 다만, 물리학에서 시간의 기본 단위로 초(s)를 쓰는 것과 달리 일상생활에서는 시(h)가 친숙하기에 전력 소비량은 '와트시(Wh)'란 단위를 사용한다. 1 Wh란 1 W의 전력이 1시간 동안 공급됐을 때 수행된 전체 일 또는 소모된 전체 전기 에너지 양을 의미한다. 예를 들어, 20 W 형광등을 1시간 동안 켜 놓으면 20 Wh의 전력을(정확하게는 전기 에너지를) 소비하고, 1달 동안 켜 놓으면 14,400 Wh(=14.4 kWh)의 전력을 소비한다.

[그림] 에너지소비효율등급표

냉장고, 에어컨, TV 등 전자제품들에는 에너지소비효율등급표가 붙어 있는데 여기에는 월간 소비 전력량이 명기되어 있고 이를 기준으로 에너지 효율 등급이 매겨진다. 물론, 소비 전력량이 적을수록 에너지 효율 등급은 1등급에 가까워진다.

위에서 디지털 지능정보사회의 고도화 과정에서 정보 취급량은 급증할 수밖에 없고, 그에 따라 정보 취급 기기나 시설의 전력 소비량이 빠르게 증가하고 있다는 사실을 기술했다. 이것이 문제가 되고 있다. 전력 소비량 증가세가 가파른 데이터센터가 특히 문제다. 전 세계에서 압도적으로 많은 데이터센터를 보유하고 있는 미국은 2027년 미국 산업 전력 수요의 14%를 데이터센터가 차지할 것이라는 예측이 있으며(*출처: EIA), 2030년에는 데이터센터 소비 전력이 400 TWh를 넘길 것이라는 예측도 있다(*출처: 미국 전력연구원). 미국 내에서도 저렴한 토지, 전력 비용과 잘 구축된 광섬유망 등으로 데이터센터가 몰려들고 있는 조지아주의 경우, 산업용 전력 수요가 이전 추정치에 비해 17배나 상승했으며 전력의 생산과 분배라는 도전에 직면해 있다. 가뭄이 오래 지속되는 지역에서 제한급수를 하는 것처럼 전력 가뭄이 도래하는 경우, 제한급전(制限給電)을 실시하지 않으리란 보장이 없다. 이 경우, 누구에게 얼마만큼씩 분배하는 게 공정하며 사회 전체적으로도 이로울까? 이런 상황이 되면 산업용, 민간용 구분 없이 전기료 상승도 불가피하다. 미국의 주요 빅테크 기업들은 데이터센터 가동을 위해 재생에너지 발전, 소규모 원자력 발전 등에 직접 투자하고 있으며, 아마존의 경우는 원자력 발전소 옆의 데이터센터를 매입하기도 했다. 프랑스도 AI 시대와 데이터센터 전력 수요에 대응하기 위해 원전 6기를 건설 중이고 추가적인 원전 건설계획도 발표할 예정이다. 우리나라의 경우도 향후 5년 동안 데이터센터 수요 732개, 이에 따른 전력 수요는 약 49 GW에 이를 것으로 전망된다(*출처: 산업통상자원부). 이는 1.4 GW 용량의 원전 35기가 필요한 전력량이다. 이제 데이터센터의 구축보다 전력 공급에 필요한 발전소, 송전망 구축이 더 시급하게 해결해야 할 과제로 떠올랐다.

04

전력과 에너지

1. 브레이크 없이 질주하는 전력 소비

앞 장에서 디지털 IT 문명이 고도화됨에 따라 전력 사용량이 급증하고 이것은 사회적 문제가 될 수 있다는 점을 지적했다. 역으로 말해, IT 문명의 발전과 전력은 긴밀한 연관성을 가져 전력 생산·소비량의 증가세를 유지할 수 있다면 IT 문명의 지속적인 성장을 견인할 수 있다고도 추론할 수 있다. 1990년 이후의 글로벌 전력 소비량은 지속적으로 증가하는 추세를 보여 왔다(아래 그래프 참조). 전력 소비량이 전년에 비해 다소 감소한 해가 두 번 있었는데, 첫 번째는 글로벌 금융위기 발발 직후인 2009년이고 두 번째는 COVID-19 팬데믹이 전 세계를 휩쓴 2020년이었다. 전 세계 전력 소비량은 2010년 이후 연 평균 2.8%의 증가율로 증가해 오다가 2022년 드디어 25,000 TWh를 넘어섰다. 국가별로는 미국과 유럽, 일본 등 선진국들의 전력 소비량은 정체되거나 완만한 증가세를 보인 반면, 인구 증가와 산업화가 빠르게 진행된 중국, 인도 등 아시아 개발도상국들의 전력 소비량 증가세가 두드러졌다. 2022년 기준 중국의 전력 소비량은 7,852 TWh로 압도적인 1위였고, 미국이 4,106 TWh로 2위를 차지했다. 우리나라는 565 TWh로 7위였다. 그러나 1인당 연간 전력 소비량은 1990년 이후 미국이 1위 자리를 유지하고 있고 호주, 프랑스, 영국 등이 최상위권에 위치하고 있다. 중국은 2000년 이후 성장세를 유지하다가 2020년에 드디어 영국을 추월한 것으로 나타났다.

전력 사용 섹터별로 분석해 보면 전력 사용의 보편성, 다양성과 전력 과다 사용 분야를 파악할 수 있다. 앞 장들에서 다루었던 디지털 지능정보사회 구현을 위해서만 전력이 사용되는 것은 아니다. 전체 전력의 50% 이상은 산업용으로 소비되고 나머지를 일반, 주택, 농업, 교육, 공공조명 분야에서 사용하는 것으로 나타난다(*출처: 한국전력공사). 물론 앞서 언급했던 데이터센터는 산업 분야로 분류되어 전력

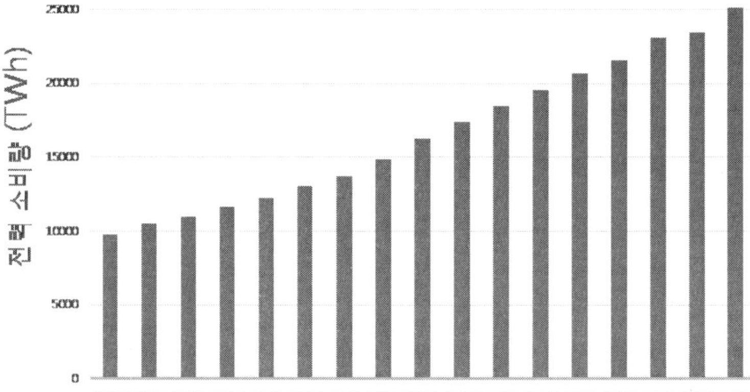

[그림] 1990년 이후 전력 소비량 변동

소비에 한 몫 하고 있다. 스마트폰, 태블릿, PC는 일반 분야로 분류되는데 일반 분야는 전력 소비 비율이 20% 이상으로 두 번째로 큰 섹터이다. 가로등, 실내 조명, 냉·난방기, 공조 시스템, 조리 기구, 각종 공구, 각종 전동기 등에도 전력이 사용되는데, 이들 영역에서 사용되는 전력은 정보 취급과 직접적인 연관성은 없다. 이들 중 냉·난방, 공조 영역에서 소비되는 전력은 의미 있는 양이나 나머지 영역에서의 전력 소비량은 그다지 많지 않다.

2. 또 다른 전력 대식가 반도체 기업들

IT 정보 문명의 발전을 이끄는 기축 영역으로 반도체 칩 설계와 제조 영역이 있다. 데이터센터의 핵심 구성요소인 서버와 스토리지도 결국 CPU, GPU, 메모리, SSD로 구성되고, 스마트폰에 고성능을 부여하는 것도 AP와 메모리라는 점을 고려하면 반도체 칩의 중요성은 새삼 언급할 필요조차 없다. 반도체 칩은 각종 디지털 데이터를 처리, 제어, 저장하는 집적회로로 모든 정보 처리의 핵심 구성 요소이다. 이런 반도체 칩과 관련된 기업들은 세 가지 부류로 분류된다. 설계만 하고 제조는 하지 않는 팹리스 기업(fabless company), 반대로 설계는 하지 않고 제조만 담당하는 파운드리 기업(foundry company), 이 두 가지를 모두 하는 종합 기업(integrated company)가 그것이다. 팹리스 기업으로는 애플, 엔비디아, IBM, 퀄컴, 브로드컴 등이 있고, 파운드리 기업에는 세계 시장의 62~65%를 점유하고 있는 TSMC를 필두로 삼성전자, UMC, 글로벌 파운드리, SMIC 등이 있다. 종합 반도체 기업으로는 삼성전자, 인텔, SK하이닉스, 마이크론 등이 있는데, 삼성전자의 경우 종합 반도체 기업이면서 파운드리 비즈니스를 동시에 수행하고 있다.

특이한 점이 있다면, 최근의 AI 붐을 타고 원래 팹리스 반도체 기업으로 분류되지 않던 마이크로소프트, 알파벳, 아마존, 메타 등 빅테크 기업들이 자체 칩을 개발하고 있다는 점이다. 우리나라의 현대자동차도 5나노 또는 3나노 기반의 차량용 반도체를 자체 개발 중이다. 이런 거대 기업들뿐 아니라 분야별로 특화된 반도체 칩을 설계하는 중·소규모 팹리스 기업들은 전 세계에 많이 있고 그 수도 점차 증가하는 추세다. 신규 팹리스 기업들의 시장 진입과 시스템 반도체의 다변화로 파운드리 수요는 급증하고 있고, 이에 따라 전 세계 파운드리 매출 규모는 2010년 대비 2023년 3배 정도 증가했다.

글로벌 IT 기업들의 전력 소비량은 매우 크고 그 양도 매년 증가하는 추세다. 예를 들어, 글로벌 주요 IT 6개 사의 2021년 총 전력 사용량은 84 TWh에 달한 것으로 보고되었다(아래 도표 참조). 알파벳이 2위를 차지하고 있는데 알파벳보다 훨씬 더 많은 수의 데이터센터를 운영하고 있는 마이크로소프트나 아마존이 포함됐다면 더 상위에 위치할 것이 확실하다. 알파벳을 제외하면 상위 4개사 중 3개가 반도체 기업들이다. 특별히 삼성전자는 전 세계 IT 기업 중 전력 소비량이 가장 큰 기업인데 전력의 90%를 반도체(DS) 부문에서 소비하는 것으로 알려져 있다. 이로부터 반도체 기업도 데이터센터 못지않게 '전기 먹는 하마'임을 알 수 있다. 이를 방증하듯 2025년에 TSMC의 전력 소비량은 대만 전체 전력 소비량의 8분의 1에 이를 것으로 추정된다. 우리나라의 경우도 크게 다르지 않아 2021년 삼성전자와 SK하이닉스 두 거대 반도체 기업에서 사용된 전력량이 국가 전체 전력 소비량의 6.5%에 달했는데 이 비율은 점차 증가할 것으로 예상된다. 국가 전체 전력 소비량 증가세에 비해 두 기업의 전력 사용량 증가세가 더 빠른 양상을 보이기 때문이다. 국내 최대 전력 소비 기업인 삼성전자는 2019년부터 2022년까지 3년간 매해 평균 2.37 TWh의 소비 전력 증가분이 발생해 전력 소비량 증가율이 10% 전후이며 SK하이닉스의 소비 전력 증가율도 비슷하게 나타났다.

반도체 기업들이 이렇게 많은 전력을 소비하는 이유는 공정 자체와 공정 환경 조성 모두에 기인한다. 매우 많은 단계의 복잡한 공정을 거쳐 반도체 칩을 제조하는데 이 과정에서 많은 고전력 소비 장비를 이용하게 된다. 여기에 쉼 없이 진행되는 회로 미세화에 따라 사용되는 장비의 성능, 규모, 전력 소비량은 증가하는 경향을 보인다. 대표적으로, 전력 고소비 공정인 포토리소그래피(photolithography)에 사용되는 노광기는 10 nm 이하 세대에서는 극자외선(EUV) 노광기로 바뀌며 전력 사용량이 급증했다. 예를 들어, ASML의 EUV 노광기는 이전 세대 노광기에 비해 전력 사용량이 10배 정도 증가한 것으로 알려져 있다. 반도체 칩 제조공정은 팹(FAB)이라고 하는 특수한 환경에서 진행된다. 이 팹은 일정한 온도(22~23 ℃), 습도(40~45%)와 먼지가 없는 고청정도(클래스 1 또는 10)를 유지해야 한다. 이 특수한 환경 유지를 위한 설비 가동을 위해서도 막대한 전력이 소모된다.

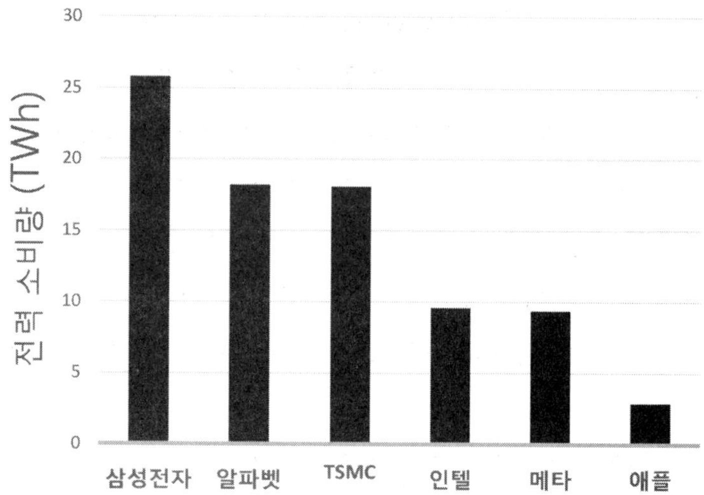

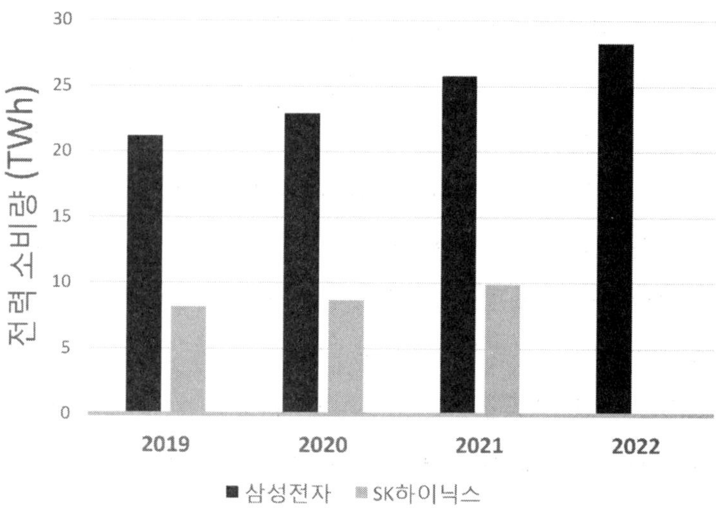

[그림] 글로벌 주요 IT 기업 및 국내 양대 반도체 기업의 전력 소비량

3. 1 TWh의 전력은 어느 정도?

앞서 전 세계 데이터센터 전력 소비량이 250 TWh에 이르고, 주요 IT 기업 6개 사의 전력 사용량이 84 TWh에 이른다는 사실을 언급했다. 여기서 사용된 단위인 'TWh'가 생소하다. 왜냐하면 일상생활에서 우리가 접하는 단위는 Wh나 kWh가 보편적이고 많아도 MWh를 넘지 않기 때문이다. 1 TWh의 전력량은 어느 정도 수준일까? 감을 잡기 위해 몇 가지 사례를 들어 본다. 댐식 수력발전으로 발전 용량 기준 국내 두 번째인 소양강댐의 연간 발전 용량은 353 GWh이다. 따라서 1 TWh의 전력량은 대략 소양강댐 3기가 1년 내내 가동될 때 생산할 수 있는 전력량이다. 수력 발전보다 발전 용량이 훨씬 큰 게 원자력 발전이다. 예를 들어, 고리 2호기의 연간 발전 용량은 1.597 TWh로 보고된다. 이 고리 2호기를 229일 동안 가동 시 만들 수 있는 전력량이 1 TWh이다(아래 참조).

$$1.597\,\text{TWh} \times 229/365 = 1.002\,\text{TWh}$$

일반 가정에서 많이 사용하는 전자제품 중 하나가 양문형 냉장고이다. 이 양문형 냉장고의 한 달 소비 전력을 대략 35 kWh로 잡으면, 1 TWh는 양문형 냉장고 238만 대가 1년간 소비하는 전력량에 해당한다(아래 참조).

$$35\,\text{kWh}/\text{월}\cdot\text{대} \times 12\text{개월} \times 2{,}380{,}000\text{대} = 1.00\,\text{TWh}$$

다음으로, 상온의 물 100억 리터(10^{10} L)를 1시간 동안 일정하게 가열해 100 ℃로 끓이는데 요구되는 전력량을 살펴본다. 물의 비열은 1 cal/g·℃이고 1 cal=4.184 J이므로, 이 값은 4.184 J/g·℃와 같다. 여기에서, 비열이란 단위 질량(1 g)의 물질의 온도를 1 ℃ 올리는 데 필요한 열량이다. 물 1리터는 질량으로 환산하면 1 kg에 해당하므로, 물 1리터를 1 ℃ 올리는 데 필요한 열량은 4.184 kJ/kg·℃가 된다. 물 100억 리터는 10^{10} kg (천만 톤)에 해당하고, 상온의 물의 온도를 20 ℃로 잡아 총 열량을 계산한다. 이 열이 1시간(=3,600초)에 걸쳐 물에 공급되므로 단위 시간(1초) 당 공급되는 열인 전력은 아래와 같다.

$$
\begin{aligned}
P &= [4.184\,\mathrm{kJ/kg \cdot ℃} \times (100-20)\,℃ \times 10^{10}\,\mathrm{kg}]/3{,}600\,\mathrm{s} \\
&= 9.30 \times 10^{8}\,\mathrm{kJ/s} = 9.30 \times 10^{11}\,\mathrm{J/s} = 0.93\,\mathrm{TW}
\end{aligned}
$$

이 전력이 1시간 동안 공급됐으므로 총 전력량은 0.93 TWh가 된다. 이 양은 잠실 석촌호수(담수량: 636만 톤) 약 1.6개를 1시간 만에 100 ℃로 가열시킬 수 있는 전력량에 해당한다.

4. 전력 생산과 온실가스

전력은 다양한 방식으로 생산한다. 석탄, 천연가스, 석유를 이용한 화력 발전, 물의 단차 또는 흐름을 이용한 수력 발전, 원자핵 분열을 이용한 원자력 발전, 태양광, 풍력, 조력과 같은 신재생 에너지 발전

등이 그것이다. 문제는 앞서 보았듯 전력 수요가 지속적으로 증가하고 있다는 점이다. 2018년 전력 수요(23,031 TWh) 대비, 2040년에는 전력 수요(36,453 TWh)가 58% 증가할 것으로 전망된다. 발전원별로 분석해 보면 화석연료(석탄, 석유, 천연가스)를 사용한 화력 발전이 지배적이다. 그 중에서도 석탄 화력 발전량이 가장 크다. 2018년 기준, 발전원별 전력 생산량 비율은 석탄 38%, 천연가스 23%, 석유 3%, 원자력 10%, 수력 16%, 신재생 에너지 10%이다(아래 그림 참조).

그럼 2040년에 요구되는 막대한 전력 생산을 위해서는 어떻게 해야 될까? 주 발전원인 화력 발전 시설을 대폭 증설해야 하는 것인가? 그럴 수는 없다. 우리 삶의 터전인 지구가 이미 아프기 때문이다. 지구 온난화와 그로 인한 기상 이변, 해수면 상승 문제는 이미 심각한 상황에 이르렀다. 2024년 여름, 서울의 열대야 연속일 수는 34일로 기상 관측 이래 최장 기록을 갈아 치웠다. 2024년 6월, 지구 평균기온은 16.66 ℃로 역대 6월 최고치를 기록했으며, 2024년 7월 21일에는

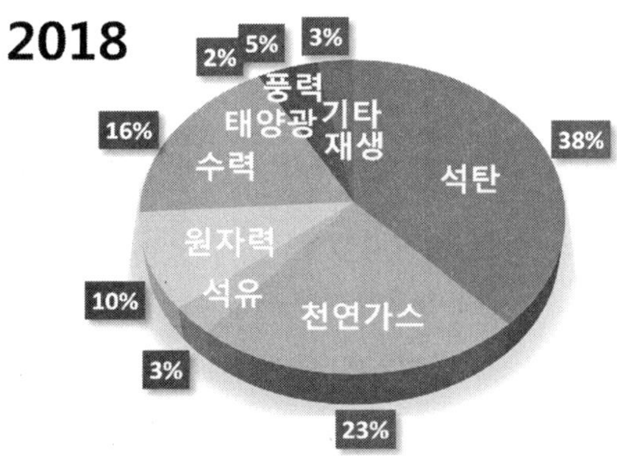

[그림] 2018년 발전원별 전력 생산 비율

지표면 평균기온이 17.09 ℃에 달해 기후 관측 이래 가장 뜨거운 날로 기록되었다. 이러한 기록들은 '파리기후협정'이 설정한 기온 변화 마지노선인 '산업혁명 이전 대비 1.5 ℃ 이내 제한'이라는 목표를 13개월 연속 벗어난 것으로 날로 가중되고 있는 지구 온난화의 심각성을 잘 보여준다. 지구 평균기온의 상승은 곧바로 해수 온도의 상승으로 연결되어 해수의 부피 팽창을 유발하고, 여기에 더해 극지방과 육지에 산재한 빙하의 해빙을 유도한다. 이로 인해 1993년부터 2022년까지 20년 동안 지구 평균 해수면 높이는 약 10 cm 상승한 것으로 나타났으며, 우리나라의 해수면도 이 기간 9.9 cm 상승한 것으로 나타났다. 극단적인 폭우, 폭염, 폭설, 강력한 폭풍우 등 기상 이변이 세계 곳곳에서 빈발하고 있다. 또한, 육지, 바다 가릴 것 없이 생태계가 서서히 파괴되고 있다.

지구 온난화의 주범은 이산화탄소(CO_2), 메탄(CH_4), 아산화질소(N_2O)와 같은 온실가스(greenhouse gas)이다. 온실가스는 지구 표면이나 대기에서 방출되는 적외선 복사열을 흡수, 저장, 재방출하는 특성을 지녀 지구 표면온도를 높이는 역할(온실효과)을 하기에 온실가스로 불린다. 온실가스 중 이산화탄소는 배출량이 가장 많고(전체 온실가스의 80% 이상), 대기 중 농도가 가장 높으며(420 ppm), 온실효과도 가장 크다(65%). 배출된 이산화탄소의 60%는 식물의 광합성작용, 해양 흡수 등으로 자동 제거되나 나머지 40%는 대기 중에 100년 이상 머무르며 농도가 지속 증가하기에 심각한 문제를 야기한다. 이산화탄소 농도는 산업혁명 이전의 농도 280 ppm 대비 2023년 420 ppm으로 증가했고, 이 기간 증가율은 50%에 이른다. 파리기후협정에서는 위에서 언급한 평균기온 상승 1.5 ℃ 억제 목표를 달성하기 위해 2050년 '넷 제로(net zero) 달성'이라는 또 다른 목표도 제시했다. 2050년까지 온실가스의 배출량과 흡수·제거량을 같게 해 순 배출량을 제로로 만들겠다는 것이다. 이 넷 제로의 한국식 표현이 '탄소중립'인데, 주요 온실가스에는 탄소가 포함돼 있고 그 중 이산화탄소의 중요성을 부각한 표현으로 볼 수 있다. 우리나라는 이 탄소중립을 달성하기 위해 세계에서 14번째로 탄소중립을 법제화한 국가가 되었다. 이제 각종 전자제품에 부착된 에너지소비효율등급표에 시간당 이산화탄소 배출량이 명기된 이유를 이해할 수 있을 것이다.

화석연료의 연소 과정에서 발생하는 대표적인 기체가 바로 이산화탄소이다. 이런 이유로 증가하는 전력 수요에 대처하기 위해 화석연료를 사용한 화력 발전량을 늘릴 수는 없는 것이다. 특히, 이산화탄소 발생량이 많은 석탄, 석유 발전은 오히려 줄여나가야 한다. 원자력 발전

[그림] 에너지소비효율등급표에 명시된 이산화탄소 배출량

은 발전 효율 측면에서 강점이 있지만 사용후 핵연료 재처리 문제, 방사능 누출에 대한 우려 등으로 발전 용량을 동결하거나 소폭 줄이려는 계획이 강하다. 그렇다면 증가하는 전력 수요와 현실적인 발전원 간 간극을 채우는 주체는 무엇인가? 바로 신재생에너지이다. 2040년 발전원별 전력 생산 비중 분석에 따르면 화석연료(석탄, 천연가스, 석유) 발전량은 총 48%로 절반 아래로 떨어지는 반면, 신재생에너지(수력, 태양광, 풍력, 기타) 비중은 44%로 급격히 증가할 것으로 예측된다(*출처: IEA, 아래 그림 참조). 이 분석은 제안된 정책들을 반영한 시나리오(STated (Energy) Policies Scenario, STEPS)에 기반해 진행됐다. 문제는 이 STEPS에 기반해도 2040년까지 온실가스 배출량은 지속 증가하는 것으로 예측된다는 점이다. 현재 제안된 정책들 이외에 보다 강력한 정책들이 입안·시행되어야 함을 시사한다. 예를 들어, 신재생에너지 비중을 추가 확대하거나, 화력발전에서 발생하는 이산화탄소를 포집 및 재활용하거나 그린수소나 바이오매탄과 같은 비탄소, 저탄

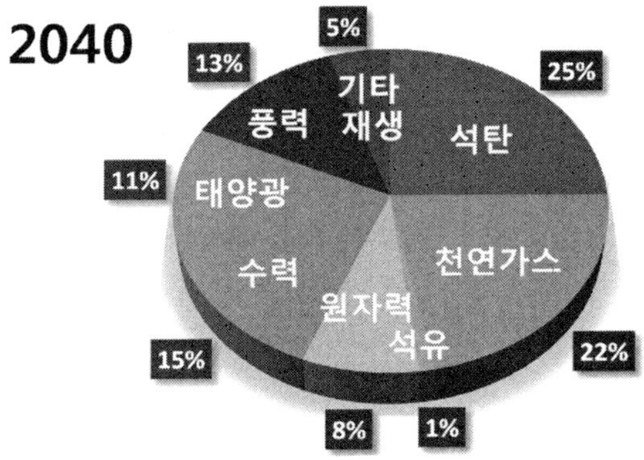

[그림] 2040년 발전원별 전력 생산 비율

소 연료를 사용한 발전으로 전환하는 방식들을 고려해 볼 수 있다.

'신재생에너지'란 신에너지와 재생에너지의 합성어이다. 여기서 '신에너지'는 기존의 화석연료에 대비되는 청정에너지로 수소와 산소의 화학반응을 이용하거나 기존 화석연료를 개질한 에너지원인데, 수소에너지와 연료전지가 대표적이다. '재생에너지'는 재생 가능한 자원을 변환시킨 에너지(renewable energy)로 태양광, 태양열, 풍력, 수력, 지열, 바이오, 해양, 폐기물이 여기에 해당한다. 신에너지에 비해 재생에너지 분야는 상대적으로 기술개발의 역사가 길고 꽤 오래 전에 주요 전력 생산기술로 자리 잡았다. 그렇기에 현재 또는 미래의 전력 생산 방식을 분석할 때 등장하는 기술들은 대부분 재생에너지 기술들이다. 수력 발전은 물의 단차(위치에너지)나 흐름(운동에너지)을 이용해 터빈을 돌리면 터빈에 연결된 발전기 자석이 회전하고 다시 그 주위의 코일에 유도전류가 발생하는 원리를 이용한다. 풍력 발전에서는 물 대신 바람이 커다란 블레이드를 돌려 회전운동을 만들고 회전 속도는 증속기를 통해 증가되며 증속기에 연결된 발전기에서 전기를 생산한다. 태양광 발전에서는 태양광의 광자 에너지를 반도체가 흡수해 그 내부에 전자-정공 쌍(electron-hole pair)을 만들고 이들이 자발 분리되어 전극에 쌓이거나 외부 회로를 통해 흐르는 원리를 이용한다. 태양광 패널 자체가 발전기이기 때문에 수력, 풍력, 조력 등 여타 방식에서 사용되는 발전기는 필요하지 않지만, 태양광의 간헐성에 기인해 만들어진 전기를 보관할 수 있는 에너지 저장시스템(energy storage system, ESS)은 필수적이다. 재생에너지는 온실가스를 발생시키지 않아 이상적인 전력 생산 방식이지만 낮은 피크 기여도, 높은 초기 투자비, 낮은 에너지 변환효율 등 개선해야 할 단점들도 많은 게 사실이다. 예를 들면, 상용 태양광 패널의 에너지 변환효율은 20%가 채 안 된다. 입사하는 태양광 에너지의 20% 이하만 전기 에너지로 수확할 수 있다는 얘기다.

5. 전력의 확장판 에너지

앞에서 전력은 일률(power)이기 때문에 에너지 자체가 아니고 에너지의 소비율 또는 전달률이라 설명했다. 소비된 에너지 양을 추산하기 위해서는 전력에 전력 사용 시간만 곱하면 된다. 여기에서 말하는 에너지는 전기 에너지이다. 에너지는 전력이란 용어만큼이나 일상생활에서 자주 사용되는 말이다. "오늘은 에너지가 없어 일이 안 되네", "커피는 내 에너지 음료야", "과장님은 항상 에너지가 넘쳐 따라가기 힘들어" 등 다양한 상황에서 사용한다. 여기서 에너지는 몸의 신진대사를 통해 얻게 되는 생체 에너지를 의미할 것이다. 에너지란 무엇일까? 에너지란 간단하게 '일을 할 수 있는 능력'으로 정의된다. 역으로 '에너지의 표출된 형태가 일'이라고 봐도 된다. 이로부터 에너지와 일은 서로 밀접하게 연관돼 있음을 직감할 수 있다. 참고로, 일과 에너지는 모두 동일한 단위인 줄(J)을 사용한다. 여러분이 바닥에 놓여 있는 택배 상자를 허리까지 들어 올렸다고 가정하자. 이 경우, 여러분은 상자에 일을 한 것이다. 여러분의 생체 에너지를 일을 통해 상자에 전달한 것이다. 그럼 그 에너지는 어디로 갔을까? 상자에 에너지의 형태로 적립이 된다. 이때 적립된 에너지가 위치 에너지(정확히는 중력 위치 에너지)이다. 반대의 경우도 있다. 단차가 있는 수로 끝에서 물이 아래로 떨어진다. 아래쪽에 수차가 있다면 떨어지는 물은 수차를 돌리며 필요한 일을 할 것이다. 이 경우, 물의 위치 에너지는 수차의 회전 운동 에너지로 바뀌며 일을 하게 되는 것이다. 수력 발전이 이 원리로 이루어진다. 우리에게 궁극적으로 필요한 것은 일이다. 물건을 옮기고, 자동차를 가게 하고, 스마트폰을 구동하고, 컴퓨터 작업을 하고, 조명을 밝히고, 난방을 하고, AI를 작동시키고... 이 수 없이 많은 작업들이 일상적인 용어인 '일'의 범주에 포함된다. 이런 일들을 수행하기 위해서는 에너지가 필요하다. 다시 말해, 대상물에 특정 에너지가 전달돼야 한다.

위의 사례를 통해 다양한 형태의 에너지가 존재함을 알 수 있다. 가장 많이 거론된 전기 에너지, 온도와 연관된 시스템 내부에너지인 열에너지, 빛이 가진 에너지인 빛에너지, 물체의 운동과 연관된 운동 에너지, 물체의 위치에 따라 계에 저장되는 에너지인 위치 에너지, 운동 에너지와 위치 에너지의 합인 역학적 에너지, 물질 내의 화학결합을 통해 보존되는 에너지인 화학 에너지, 전자기파가 전달하는 에너지인 전자기 에너지, 원자핵 속 소립자들의 결합에너지와 관련된 핵에너지가 다 서로 다른 에너지의 형태이다. 석유, 석탄, 천연가스 등 에너지원으로 많이 활용되는 화석연료들은 화학 에너지를 담고 있으며 우리가 섭취하는 음식물, 휴대기기를 작동시키는 배터리도 화학 에너지를 저장하고 있다. 한 가지 흥미로운 점은 물질 자체도 에너지원이 될 수 있다는 것이다. 여기서 말하는 물질 에너지는 앞의 화학적 에너지와는 차별화되는 것으로 질량을 갖는 물질 자체가 에너지와 등가라는 개념이다. 아인슈타인의 특수 상대성 이론에 따르면 질량 m인 물질의 에너지(E_0)는 $E_0 = mc^2$으로 주어진다(여기서 c는 빛의 속력임). 실제로 ^{235}U의 핵분열 과정에서 약 0.1%의 질량 결손이 나타나는데, 위 공식을 이용하면 200 MeV의 에너지에 해당한다. 이렇게 발생한 에너지는 열에너지의 형태를 띠는데 이 열로 물을 데워 증기로 만들고 그 증기로 터빈을 돌려 전기를 생산하는 방식이 원자력 발전이다.

에너지는 한 물체(계)에서 다른 물체(계)로 쉽게 전달될 수 있는데 전달 방식은 다양하다. 위에서 예로 든 택배 상자를 드는 경우 에너지는 일의 형태로 여러분에게서 상자로 전달된다. 주유소에서 휘발유를 주유하면 주유소 탱크에서 자동차로 물질 전달을 통해 에너지가 전달되고, 헤어 드라이어 플러그를 콘센트에 꽂으면 전기 수송을 통해 전원에서 드라이어로 에너지가 전달된다. 뜨거운 커피 잔 속에 티스푼을 넣으면 열을 통해 커피로부터 티스푼 끝까지 에너지가 전달되고 태양에서 방출되는 빛은 전자기 복사를 통해 지구까지 들어오며 에너지를 전달한다.

에너지의 전달 방식뿐 아니라 일을 하는 과정에서 나타나는 에너지의 변환 방식도 다양하다(아래 그림 참조). 앞에서 여러 발전(發電) 방식을 언급했는데, 발전도 일을 하는 과정으로 볼 수 있다. 이 과정에서 에너지는 형태를 변환한다. 수력 발전이나 풍력 발전에서는 역학적 에너지가 전기 에너지로 바뀌고, 태양광 발전에서는 빛에너지가 전기 에너지로 전환되며, 원자력 발전에서는 핵에너지가 열에너지로 전환됐다가 다시 전기 에너지로 바뀌게 된다. 자동차 주행 중에는 연료의 화학 에너지가 자동차의 운동 에너지와 열에너지로 전환되고, 실내 조명을 켜면 전기 에너지가 빛에너지와 열에너지의 형태로 전환된다. 스마트폰을 볼 때는 배터리의 화학 에너지가 전기 에너지로 바뀌는 과정이 수반되고, 컴퓨터나 AI 연산 과정에서는 전기 에너지가 일과 열에너지로 전환된다고 볼 수 있다. 가정이나 사무실의 냉·난방을 위해서는 전기 에너지 또는 화학 에너지가 필요하며 이 에너지는 역학적 에너지 또는 열에너지로 변환되어 일을 한다. 휴대폰을 사용해 통화를 하거나 데이터를 주고받을 때는 배터리의 화학 에너지가 전기

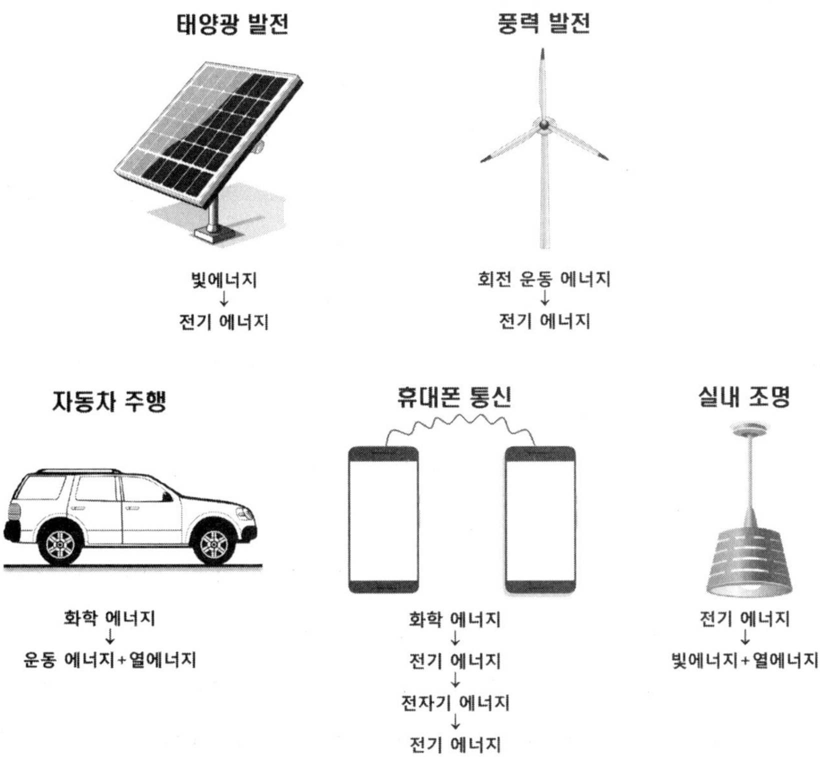

[그림] 일하는 과정에서 나타나는 에너지 변환 사례들

에너지로 변환됐다가 전자기 에너지로 변환되고 다시 전기 에너지로 바뀌는 과정이 수반된다. 물론 이 과정에서 일정량의 에너지는 열에너지의 형태로 소실될 것이다. 간단히 말해, 모든 일에는 에너지가 필요하며 일의 수행 과정에서 에너지는 다양한 형태로 변환된다. 앞에서 주로 다루었던 전기 에너지 또는 전력은 에너지의 주요한 형태지만 요구되는 전체 에너지를 대변하지는 않는다.

6. 질주하고 있는 에너지 소비

1절에서 글로벌 전력 소비량은 지속 성장하고 있다는 사실을 알았다. 전 세계 에너지 소비량은 어떨까? 에너지는 전력에 비해 조금 더 복잡한 면이 있다. 에너지의 형태도 다양하고 에너지원도 다양하기 때문이다. 가정용 전자제품들은 대부분 전기를 에너지원으로 쓰기 때문에 전력 소비량이 곧 에너지 소비량이 된다. 스마트폰, 태블릿 같은 휴대용 기기는 배터리가 에너지원이 되고 이 배터리는 화학 에너지를 저장한다. 그러나 이런 기기들은 화학 에너지가 전기로 변환됐을 때 출력 전기용량(정격용량)을 mAh나 Wh 단위로 제공하기 때문에 에너지 소비량 추정이 용이하다. 교통수단들은 어떨까? 자동차가 주행하기 위해서는 에너지가 소비돼야 한다. 그런데 이때 사용되는 에너지원은 휘발유, 경유와 같은 석유류이고, 이들은 보통 리터(L) 또는 kg으로 계량된다. 에너지의 단위가 아니다. 이 에너지원이 소비되며 자동차는 달리고 운동 에너지와 열에너지를 만들어 낸다. 여기서 열에너지는 타이어 마찰열, 엔진 발열, 머플러 발열 등의 형태로 나타난다.

이 경우 에너지 소비량은 생성된 운동 에너지와 열에너지의 합이 될 텐데 이들을 정확히 계측하는 것은 불가능하다.

그러면 에너지 소비량은 어떻게 산정할까? 유사하게, 천연가스나 석탄을 이용한 난방의 경우를 생각해 보면 이들 에너지원이 소비되며 열에너지를 만들어 내는데 이때 발생한 열에너지를 계측하는 것도 불가능에 가깝다. 또, 우리가 섭취하는 음식물에는 소비되는 에너지량이 kcal로 표시된다. 이렇게 에너지원에 따라 추정이 어렵거나 상이한 단위를 쓰는 에너지량을 표준화하기 위해 국제에너지기구(IEA)는 '석유환산톤(ton of oil equivalent, toe)'이라는 단위를 도입했다. 1 toe는 석유 1톤을 연소시킬 때의 발열량으로 10,000,000 kcal에 해당한다. 1 toe를 서로 다른 에너지 단위로 환산하면 다음과 같다.

$$1\ \text{toe} = 10{,}000{,}000\ \text{kcal} = 11.63\ \text{MWh} = 41.87\ \text{GJ}$$

이 toe 단위를 사용하면 휘발유 1 kL=0.78 toe, 천연가스 1톤=1.3 toe, 무연탄 1톤=0.46 toe, 전기 1 MWh=0.086 toe와 같다.

1990년 이후 글로벌 에너지 소비량은 지속적으로 증가하는 경향을 보여 왔다(아래 그래프 참조). 전력 소비량 증가와 마찬가지로 글로벌 금융위기와 COVID-19 팬데믹 직후가 두 번의 예외였다. 2010-2019년 에너지 소비량 증가율은 연평균 1.5%로 전력 소비량 증가율에 비해서는 다소 낮았다. 전력 소비량과 유사하게 중국과 인도로 대표되는 아시아 개발도상국들의 에너지 소비량이 빠른 속도로 증가한 반면, 미국은 정체되고 유럽 국가들 및 일본, 한국의 에너지 소비량은 오히려 소폭 감소했다. 2023년 기준 BRICS 국가들의 에너지 소비량은 전체의 42%를 차지했고, 전년 대비 증가율도 빨랐다(중국: 6.6%, 인도: 5.1%, 브라질: 3.3%). 반면 2023년 OECD 회원국들의 에너지 소비량은 오히려 감소했는데(증가율: -1.5%) 이는 경제 성장 둔화와 산업 활동 위축에 기인한 것으로 해석된다. 2022년 기준 전 세계 총 에너지 소비량은 14,585 Mtoe이고 이를 전력량 단위로 환산하면 169,623 TWh에 해당한다. 실로 막대한 에너지가 소비되고 있고, 전력 외 영역에서의 에너지 소비량이 상당히 크다는 사실을 알 수 있다(2022년 전력 소비량 =25,107 TWh). 우리나라의 경우, 에너지 소비 중 산업용 비율이 가장 높아 60%에 이르고 그 다음이 수송용으로 22%, 가정용이 ~9%, 상업·공공용이 ~9%를 차지한다. 에너지원별로는 석유, 석탄, 천연가스가 전체의 73%를 차지하고 전력이 차지하는 비율은 20% 정도이다(*출처: 산업통상자원부).

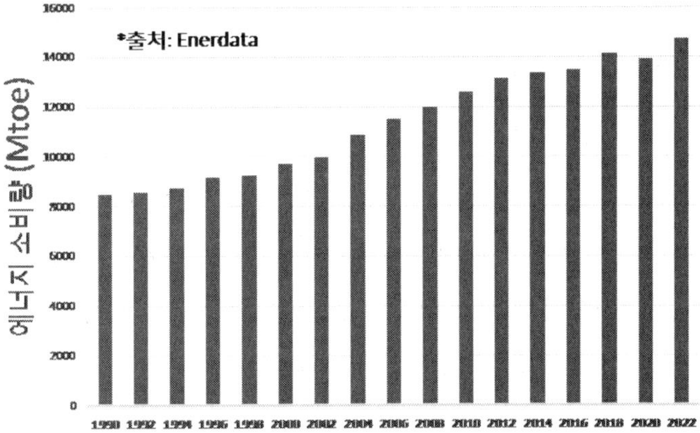

[그림] 1990년 이후 에너지 소비량 변동

7. 디지털 문명과 에너지

앞서 지적한 것처럼 현 시대 우리가 누리고 있는 디지털 IT 문명의 발전을 이끈 에너지원은 전력이었고, 정보량의 빠른 증가 추세와 맞물려 전력 소비량도 빠르게 증가해 왔다. 흥미로운 점은 이 전력이 우리가 사용하는 에너지원의 일부에 지나지 않는다는 사실이다. 이 점은 흔한 일상생활의 모습을 통해서도 인지할 수 있다. 컴퓨터로 작업하고 스마트폰으로 소통하며 정보를 공유하는 오늘날에도 우리는 자동차나 버스를 타고 이동하고 식사를 위해 요리하며 날씨가 추우면 난방을 한다. 이를 위해 휘발유, 경유, 도시가스, 압축 천연가스 등이 에너지원으로 사용된다. 물론, 전기차가 도입되고 있고 난방이나 요리를 할 때 전기를 이용하기도 하지만 말이다. 산업 현장에서는 어떨까? 우리나라의 주력 산업인 제조업 현장에서는 고온으로 물질을 녹이거나(제철, 제련, 비철금속) 원유 정제나 증류를 위해(석유화학), 그리고 세라믹 소성 공정이나(시멘트, 도자기) 플라스틱 원재료 제조를 위해(나프타 분해), 또는 폐기물 소각이나 재활용을 위해(소각장, 플라스틱 재활용) 가열 공정을 거쳐야 한다. 상당히 큰 에너지가 요구된다는 얘기다. 이때 사용되는 에너지원이 석유, 유연탄, 코크스, 천연가스, LNG 등이다. 편리한 일상의 삶을 위해서도, 산업의 발전을 위해서도 전력 이외의 에너지원이 다량 사용되고 있음을 알 수 있다. 디지털 문명의 고도화와 에너지 사용량 사이의 직접적인 연관성을 유추하기는 쉽지 않다. 디지털 문명이 발전하며 에너지 사용의 효율성을 제고할 수 있다는 측면에서는 에너지 사용량이 감소하는 게 일견 타당해 보이나, 세계 인구 증가 추세가 여전히 유효하며 인구 대국들의 산업화가 진행되고 있다는 측면에서는 에너지 사용량이 지속 증가하는 것이 당연하다. 그렇다면 인구 증가가 정체되면 에너지 소비량의 증가는 멈출까? 그렇지 않을 가능성이 높다. 개개인은 편리한 삶을 추구하며 지역사회, 국가사회, 지구촌은 모두 경제와 문명의 고도화를 지향하기 때문이다. 이 과정에서 기존 에너지 소비 영역은 넓게 확장되고, 새로운 에너지 소비 영역이 등장하는 일들이 잦아지며 에너지 소비량을 견인할 것으로 예상된다.

에너지원의 변천사를 역사적으로 고찰해 보자. 약 140만 년 전 호모 에렉투스 시절에 처음 이루어진 것으로 추정되는 불의 이용은 원시 인류의 삶을 한 단계 도약시켰다. 인류는 사냥한 음식을 날것으로 먹는 것보다 익혀 먹는 것이 이로움을 알게 되었고, 불을 지펴 추위를 이길 수 있었으며, 때로는 불을 이용 들짐승들로부터 안전을 확보할 수 있었다. 이때 사용된 에너지원이 나무였다. 그 후 오랫동안 나무는 가장 중요한 에너지원으로 자리 잡았고 중세 시절에는 나무를 구하느라 마을 주변의 산들이 온통 민둥산이 될 정도였다. 1600년 전후 영국에서는 목재 가격이 급등하고 소위 '나무 고갈론'이 대두됐다고 하니 오늘날의 '화석연료 고갈론'과 대비된다는 점에서 놀랍다.

중세 시절까지 거슬러 올라갈 필요도 없다. 필자가 유년기를 보낸 1970년대 시골 집들은 모두 온돌 구조로 돼 있었다. 아궁이에 불을 지펴 따뜻한 연기가 고래를 지나며 방을 데우는 방식이다. 이때 불을 지피기 위해 사용한 것이 추수 후 거둬들인 짚단이나 산에서 채취한 나무들이었다. 오늘날의 용어로 '바이오매스(biomass)'였던 셈이다.

아궁이 위의 부뚜막에서 동시에 밥을 짓는 경우도 흔했다. 나무를 이용해 온돌집을 난방하는 경우, 그 효율은 그다지 좋지 못했다. 아궁이에서의 열 손실이 40~70%, 온돌에서의 열 손실이 다시 50~70% 정도로 추정된다. 나무의 발열량을 3,500 kcal/kg으로 보고 20평 정도의 온돌 집을 난방하는 데 요구되는 실질 열량을 9,000 kcal로 잡으면, 난방에 필요한 나무의 양은 다음과 같이 추산해 볼 수 있다(여기서 나무의 열 효율은 20%로 잡음).

$$x = \frac{9000\,\text{kcal}}{3500\,\text{kcal/kg} \times 0.2} = 12.9\,\text{kg}$$

난방 한 번 하는데 13 kg 정도의 나무를 태워야 하고, 하루에 최소 두 번은 난방을 해야 하니 하루 26 kg 정도의 나무가 소요되는 것이다. 마을에 100 가구가 살고 있다면 이 마을에서는 난방으로만 하루 2.6톤의 나무를 소비하는 것이다. 주변 산들이 민둥산이 되는 건 중세 유럽에서만 그랬던 것이 아니라 산업화 이전 우리나라 시골에서도 벌어진 일이었다.

나무를 주 에너지원으로 사용하는 것은 지속 가능하지 않다. 나무에 이은 에너지원이 석탄이다. 기원 전 315년 그리스 문헌에 석탄을 대장간 연료로 사용했다는 기록이 등장한 후 영국이 9세기, 독일이 10세기에 석탄을 처음으로 사용한 것으로 알려져 있다. 그러나 그 시절에는 석탄 채굴 기술이 없었기에 노천 탄광에 의존했고 따라서 석탄 사용량은 미미했던 것으로 추정된다. 석탄 이용의 비약적 증진을 가져온 것은 산업혁명이었다. 1769년 와트의 증기기관이 발명되며 석탄 수요가 급증하기 시작했고 채탄 기술도 덩덜아 진화했다. 석탄의 등장과 산업혁명으로 산은 다시 푸르게 됐으며 산업 생산성은 높아졌다. 그러나 석탄 사용량의 급증은 유럽 선진국들에 '석탄 고갈'이라는 또 다른 비관론을 불러 일으켰다. 그래서 등장한 에너지원이 석유이다. 석유의 역사도 꽤 길다. 로마제국, 페르시아제국 등에서 석유를 등불의 원료로 사용했다는 기록이 있다. 그러다 1859년 미국의 에드윈 드레이크는 최초로 땅을 굴착해 석유를 발견했고, 1885년 독일의 다임러는 휘발유로 작동하는 내연기관을 발명하면서 석유 사용을 등불 외의 영역으로 확장시켰다. 이후 석유 시추기술과 정유기술이 발전하면서 석유는 석탄을 밀어내고 전 산업영역에서 주요 에너지원으로 자리 잡았을 뿐 아니라 원유 정제 부산물들을 이용한 석유화학산업, 각종 가공산업들을 활성화 시켰다. 석유만큼은 아니지만 근래 많이 사용되는 에너지원이 천연가스이다. 1802년 이태리에서 상업용으로 처음 사용하기 시작한 천연가스는 초창기 수송기술의 부재로 사용이 제한적이었으나 제2차 세계대전 이후 배관, 용접기술의 발달로 본격적으로 사용되기 시작했다. 우리나라에서도 1986년 인도네시아에서 LNG를 수입해 도시가스용으로 사용하기 시작한 이래 그 사용량이 점차 증가하는 추세다.

위에서 언급한 에너지원들은 일부 식물성 재료를 제외하면 모두 화석연료이다. 앞서 전력 생산 측면에서도 가장 큰 비율을 차지했던 게 화석연료였는데 전력 외 영역에서도 화석연료는 가장 중요한 에너지원이다. 에너지 소비량의 지속적인 증가추세를 고려하면 온실가스 발생량 증가를 억제하기 어렵다는 게 인류가 봉착한 커다란 딜레마이다. 발전 분야에서는 재생에너지 비율을 넓혀 감으로써 화석연료 사용량을 줄이는 노력을 경주하고 있다. 그 외 산업, 민간, 공공 영역에서의 에너지 수요는 어떻게 대처할 것인가? 지금 당장 대안을 찾기는 쉽지 않다. 화석연료가 비용 측면에서 가장 효율적이고 모든 인프라가 거기에 맞게 갖추어졌기 때문이다. 그럼에도 불구하고 새로운 에너지원의 발굴 필요성이 강하게 대두된다. 지구 온난화라는 전 지구적 명제를 해결하기 위해서도 그렇고, 화석연료도 언젠가 고갈될 것이기 때문이기도 하다. 물론 화석연료의 고갈 시점은 언제나 논란을 불러 일으켰다. 일례로, 50년 전에 예측한 50년 후 석유 고갈론은 틀렸음이 입증됐고, 현 시점에서도 동일하게 50년 후 석유 고갈론을 설파하는 이들이 적지 않다. 탐사기술, 시추기술의 지속 발전으로 확인된 석유 매장량 자체가 해마다 증가하고 있기 때문에 고갈 시점을 정확히 예측하기는 어렵다.

수송 분야에서는 석유, 경유, LPG와 같은 화석연료를 사용하는 전통적인 내연기관을 배터리를 장착한 전기차로 대체하고 있다. 그러나 배터리는 에너지의 생산 장치가 아닌 저장 장치이기 때문에 다른 곳에서 생산한 전기를 소비해야 한다. 거기에 고출력, 장시간 구동 기관에는 적용하는 데 한계가 있다. 수소를 에너지원으로 하는 수소 연료전지(fuel cell)는 그 자체가 전기 생산 장치이다. 수소와 산소 사이의 산화·환원반응을 이용하기 때문에 이산화탄소 발생이 없으며 물이 부산물로 발생할 뿐이다. 에너지 변환 효율이 좋고 단위 무게당 출력이 배터리에 비해 커 이상적이나 수소탱크의 안전성이 담보되어야 하고 수명과 최대 출력이 다소 낮은 문제점이 있다. 화석연료를 대체하는 과정에서 전기 에너지 사용량이 증가할 것으로 예측되며, 특히 민간, 공공분야에서는 소규모 전력 수요가 상대적으로 많을 것이다. 이런 수요 대처를 위한 소규모 발전 기술에서는 다양한 에너지원을 활용할 수 있다. 앞서 언급했던 태양광 발전은 태양광 에너지(빛에너지)를 전기로 변환하는 에너지 재생 기술로 이미 널리 보급되고 있다. 그 외에도 다양한 발전 기술이 개발되고 있다. 예를 들어, 열전(thermoelectric) 발전에서는 폐열을 전기로 회수하고, 압전(piezoelectric) 발전에서는 압력이나 진동을 전기로 바꾼다. 보일러 폐열, 엔진 폐열, 체온 등 열에너지나 진동, 바람, 음파 등 기계적 에너지를 전기 에너지로 전환하는 것이다. 마찰전기(triboelectric) 발전에서는 각종 마찰을 전기로 환원하고, 버려지는 전자기파를 이용해 전기를 수확하는 방식도 있다.

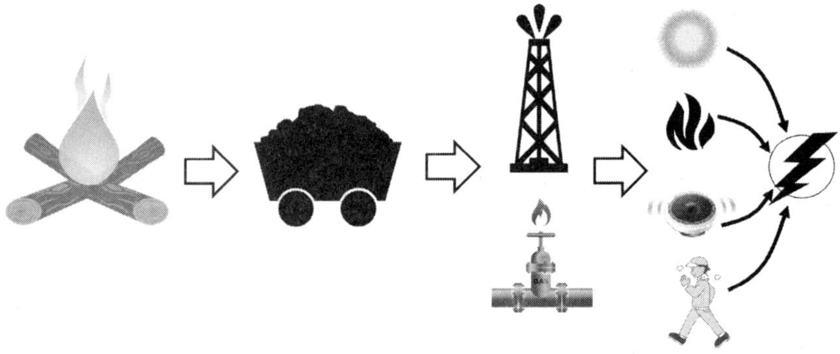

[그림] 에너지원의 변천사

8. 생활 속 에너지 생산과 활용

앞 절에서 전 세계 에너지 소비량은 현재까지 증가해 왔고 미래에도 증가추세는 유지될 것이라 기술했다. 과거에서 현재에 이르는 과정에서 에너지 소비량 증가를 야기한 주 요인은 인구 증가와 산업화로 볼 수 있다. 그런 이유로 중국, 인도와 같은 인구 대국이면서 산업화가 급격히 진행되고 있는 개발도상국들의 최근 에너지 소비량 증가율이 가팔랐다. 예를 들어, 2023년 중국과 인도의 에너지 소비량은 각각 4,060 Mtoe와 1,135 Mtoe로 전 세계 1위와 3위를 차지했다(*출처: Enerdata). 반면, 선진국들의 에너지 소비량 증가율은 정체되거나 오히려 역성장을 보이고 있는데, 이는 에너지 소비 효율 향상과 단기적 산업활동 위축에 기인하는 것으로 분석된다. 인구 측면에서도 선진국 인구는 대체로 정체돼 있다. 그럼에도 불구하고, 미국의 에너지 소비량은 2,172 Mtoe로 세계 2위를 차지했다. 1인당 에너지 소비량으로 환산하면 인구가 약 4배 많은 중국을 제치고 세계 1위이다. 미국의 산업 구조는 중국처럼 제조업이 지배하고 있지도 않으며, 산업화가 급격히 진행되고 있지 않음에도 말이다. 가시적으로 드러나진 않지만 문명의 선도 과정에서 필연적인 에너지 소비가 저변에서 강하게 일어나고 있음을 암시한다. 1인당 에너지 소비량을 기준으로 하면 카타르, 아이슬란드, 아랍에미리트(UAE)와 같이 인구 소국들이 상위에 자리한다. 이들 나라들은 1인당 GDP가 모두 70,000 달러가 넘는 부국이면서, 기후가 매우 덥거나 추운 지역에 위치한다는 공통점이 있다. 생활환경을 쾌적하게 유지하는 데(주로, 냉·난방 및 공조) 자원을 집중

투입하기 때문으로 추측된다.

인류 문명의 진보 과정에서 에너지원도 변천해 왔음을 알게 됐다. 간단히 말하면, 초기에는 나무를 태워 열에너지를 얻었고, 그 다음에는 순차적으로 석탄, 석유, 천연가스를 태워 열에너지를 얻거나 전력을 생산했다. 그 뒤로 핵에너지, 각종 신재생에너지를 활용하는 기술들이 개발됐다. 이런 에너지원 진보의 거대한 물결에서 다소 떨어져 있지만 일상생활에서도 필요한 에너지를 손쉽게 만들어 내는 사례들이 있다. 먼저, 겨울철 시린 손을 데워주는 손난로는 물질의 산화 과정에서 발생하는 열을 이용하는 물품이다. 손난로 부직포를 뜯어보면 그 안에 많은 철(Fe) 가루들이 들어 있는데, 철이 대기 중 산소와 만나면 산화반응이 일어난다(일상적으로는 '녹이 슨다'고 표현). 아래 식에서 알 수 있듯이 반응의 결과로 산화철(Fe_2O_3)이 만들어지고 엔탈피 변화(ΔH)가 나타나는데, 이 엔탈피 변화가 외부로 방출되는 발열량이 된다.

$$4Fe + 3O_2 \rightarrow 2Fe_2O_3 + \Delta H$$

4몰(mol)의 철로부터 2몰의 산화철이 생성되는 이 표준 반응의 엔탈피 변화는 -1,652 kJ이다.

다른 사례는 자전거 전조등이다. 요즘 자전거 전조등은 전지로 작동하는 경우가 많으나, 과거에는 모두 자가 발전한 전기로 불을 밝혔다. 자전거 발전기를 열어보면 그 안에는 고정된 코일 다발과 코일 다발 안에서 회전축을 따라 도는 영구자석, 그리고 생산된 전기를 직류로 바꿔주는 정류자가 들어 있다. 여기서 영구자석과 코일 다발의 위치가 바뀌어도 상관없다. 원리는 간단하다. 기저에는 패러데이의 유도 법칙이 작용하는데, 이는 '금속 도선 고리면을 통과하는 자기 선속(magnetic flux)이 시간에 따라 변하면 도선에 기전력(electromotive force)과 전류가 유도된다'는 법칙이다(아래 그림 참조). 여기서 자기 선속이란 어떤 단면을 통과하는 자기력선의 수로 그 단면에 작용하는 자기장의 세기를 의미한다. 바퀴의 회전에 따라 회전축이 돌면 영구자석도 함께 돌면서 코일을 통과하는 자기 선속이 변하고 그에 따라 코일에 유도전류가 발생하는 것이다. 이때 코일 다발의 권선 수가 많을수록, 시간에 따라 자기 선속이 빠르게 변화할수록 유도 효과는 극대화된다(패러데이 유도식에서도 알 수 있음). 이런 간단한 수동 발전기의 원리를 응용하는 사례는 자전거 전조등 말고도 많이 있다. 몸통을 흔들거나 손잡이를 돌려서 불을 밝히는 손전등, 팔을 움직일 때 충전되는 손목시계, 기어 회전운동을 이용해 발전하는

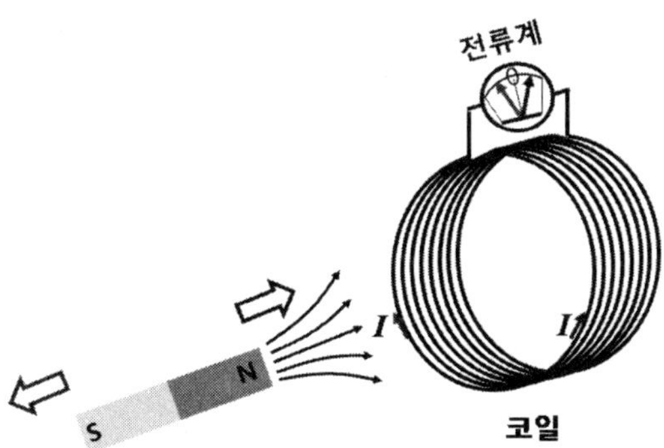

$$\varepsilon = -N\frac{d\Phi_B}{dt}$$

- ε: 유도 기전력
- N: 코일 권선 수
- Φ_B: 자기 선속
- $\frac{d\Phi_B}{dt}$: 자기 선속의 시간 변화율

[그림] 패러데이의 유도 법칙

태엽시계 등이 그 예이다. 모두 운동 에너지를 전기 에너지로 바꾸는 사례들이다.

자동차도 자가발전을 하는 또 다른 예이다. 자동차 엔진을 꺼도 라디오를 듣거나 전조등, 실내등을 켤 수 있다. 또 자동차에 시동을 걸려면 점화 플러그를 점화시켜야 하는데 전기 스파크로 점화한다. 모두 전력을 요하는 작업들이다. 엔진이 정지된 상태에서 이루어지는 이런 일들은 차 내에 장착된 배터리에서 전력을 공급하기 때문에 가능하다. 그런데 배터리는 시간이 경과함에 따라 방전되기 마련이다. 그럼에도 실제 이런 방전을 경험하는 경우는 거의 없다. 자동차에는 발전기가 구비돼 있고, 자동차 주행 중 발전기가 전기를 생산해 연결된 배터리를 충전해 주기 때문이다. 자동차 발전기의 구조는 앞선 자전거 발전기에 비해 조금 더 복잡하나, 기본 구조는 동일하다. 자동차 바퀴의 회전 운동을 이용하는 회전축과 회전하는 특정 형상의 영구자석, 정지된 코일 다발, 정류자와 브러시가 핵심 요소들이다. 여기에서도 패러데이 유도 법칙이 작용하여 코일 다발에 기전력과 전류가 유도된다. 이 일련의 과정은 자동차의 운동 에너지가 전기 에너지로 변환되고, 이 전기 에너지가 다시 배터리의 화학 에너지로 바뀌는 과정으로 볼 수 있다.

9. 꿈틀대는 미래 에너지원 수소

최근 연구되고 있거나 실 적용되고 있는 신재생에너지를 몇 가지 살펴보자. 태양광 에너지, 풍력/조력 에너지 등 실제 전력 생산에

폭넓게 이용되고 있는 에너지원들은 배제하기로 한다. 먼저, 수소에너지이다. 수소는 원자번호 1번이 의미하듯, 가장 작고, 가벼우며, 원자구조도 가장 간단한 원소이다. 그런데 이렇게 작은 원소가 우주에서 가장 풍부한 원소이기도 하다(질량 기준, 전 우주의 ~75%를 차지). 지표면의 75%를 덮고 있는 물의 분자구조(H_2O)에는 두 개의 수소 원자가 들어 있고, 지구상에 존재하는 대부분의 천연/인공 유기물에도 수소 원자가 들어 있다. 이 풍부함이 수소 에너지원의 매력이기도 하다. 기존에도 수소는 정유업, 석유화학 산업에서 많이 사용되어 왔다. 예를 들면, 원유 정제 과정에서 황을 제거하기 위해 수소를 사용해 수소화탈황(hydrodesulfurization) 시키거나 암모니아(NH_3)와 같은 화학제품을 만들기 위해 다량의 수소가 사용된다. 그런데 최근에는 이런 전통적인 영역을 넘어 전력 생산 에너지원으로 수소를 활용하려는 노력이 활발히 전개되었다. 그 결과물이 수소 연료전지이다. 수소 연료전지의 작동 원리는 간단한데 수소와 산소 사이의 전기화학반응을 이용한다(아래 그림 참조). 연료극(음극, anode)으로 주입된 수소는 이온화되고, 생성된 수소 이온(H^+)은 전해질을 가로질러 공기극(양극, cathode)으로 이동한 다음 여기서 주입된 산소와 반응해 물을 생성한다. 이 과정에서 전자는 외부 회로를 따라 연료극에서 공기극으로 흘러 이동해 온 수소 이온을 환원시킨다. 수소 연료전지는 발전 효율이 높고(40~60%), 부산물로 물만 배출하기 때문에 친환경적이며, 스케일과 설치 장소에 제약이 없다.

수소 연료전지가 특히 각광을 받는 분야는 수송 분야로, 현대자동차는 이 분야 글로벌 리더이다. 2013년 세계 최초의 양산 수소차인 '투싼

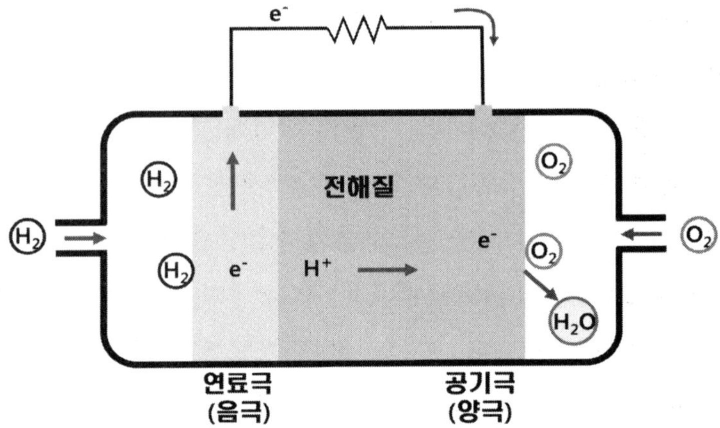

[그림] 수소 연료전지의 구조와 작동 원리

ix35'를 시작으로, 최초의 양산 수소 트럭(엑시언트)과 수소 버스(일렉시티)를 연달아 시판해 왔다. 실제로 2019-2021년 사이, 수송 분야(승용차, 버스, 트럭)의 수소 소비량은 연평균 55% 정도의 빠른 증가세를 보였다(*출처: IEA). 수소 연료전지의 많은 장점에도 불구하고 여러 도전 과제들이 상존하고 있는 것도 사실이다. 불행히도, 수소의 생산과 저장이라는 기본적인 요구사항에 연관돼 있다. 현재 수소는 세 가지 방식으로 생산한다. 석유화학이나 철강 제조 공정 중 부수적으로 만들어지는 '부생수소', 천연가스인 메탄(CH_4)을 고온·고압에서 수증기로 분해해 얻는 '천연가스 개질 수소', 물을 전기분해해 얻는 '전기분해 수소'가 그것들이다. 현재 매년 생산되는 수소의 98%가 '개질 수소'인 것으로 알려져 있다. 그런데 이 천연가스 개질법에서는 온실가스인 메탄을 사용하고, 그 결과물로 또 다른 온실가스인 이산화탄소가 발생한다(아래 반응식 참조). 청정한 수소 생산방식이라 할 수 없다.

$$CH_4 + H_2O \rightarrow CO + 3H_2$$
$$\downarrow$$
$$CO + H_2O \rightarrow CO_2 + H_2$$

청정한 그린수소 생산방식은 물을 전기분해 하거나 광분해 해 수소를 얻는 방식인데, 수소 생산 단가가 높고 생산량을 늘리기 어렵다는 단점이 있다.

수소의 저장은 더욱 문제다. 일반적으로 사용하는 수소 저장방식은 수소 탱크에 기체 수소를 고압으로 압축해 저장하는 것이다. 그러나 이 방식은 부피 저장밀도가 높지 않고, 안전에 대한 우려도 존재한다. 그 다음으로 온도를 수소의 액화점인 -253 ℃ 아래로 내려 액화 수소로 만들어 저장하는 방법이 있다. 액화 수소는 단위 질량당 부피가 기체 수소 대비 1/800 수준으로 줄어 저장 밀도를 크게 높일 수 있으나, 극저온 단열상태 유지에 많은 비용이 들고 장기간 보관이 어려운 문제점이 있다. 또 다른 방식으로 수소를 고체 저장 물질에 저장하는 방법이 있다. 이 방식에서는 상대적으로 낮은 압력에서 수소를 고체 물질의 내부 또는 표면에 저장했다가, 적정 조건에서 수소를 재방출해 사용한다. 이때 고체 저장 물질로는 수소 저장 합금, 금속 수소화물(metal hydrides), 다공성 흡착제(porous adsorbents) 등을 사용한다. 이 방식은 수소 저장밀도, 안정성 측면에서 강점이 있으나, 수소 저장과 방출 속도가 느리고 그 과정이 비가역적으로 이루어지는 경우가 많아 상용화에 어려움을 겪고 있다. 더 나아가 액상 유기화합물을 이용해 수소를 저장하는 방식도 있다. '액상 유기화합물 운반체(Liquid Organic Hydrogen Carrier, LOHC)'로 통칭되는 이 방식에서는 상온에서 액체인 유기화합물에 수소를 화학적으로 저장했다가 필요시 재변환 과정을 거쳐 수소를 추출한다. 이 목적으로 사이클로헥산, 톨루엔, 피리딘과 같은 유기화합물을 많이 이용한다. 이 방식은 6 wt% 이상의 높은 저장밀도와 안전성을 보이고 기존 원유 수송 인프라를 사용할 수 있다는 장점이 있지만, 재변환 과정에서 소요되는 고비용과 에너지 문제를 극복해야 하고 빠르고 안정적인 수소 추출 과정이 확보되어야 한다.

수소의 또 다른 이점은 연소 시 단위 질량당 발열량이 석유에 비해 3배 이상 높다는 점이다. 이 때문에 기존 화석연료의 연소로 구동되던 시설을 수소로 전부 또는 일부 대체하려는 시도들도 이루어지고 있다. LNG 화력 발전소의 연료를 수소로 대체하거나, LNG와 수소를 섞어 (LNG-수소 혼소 발전) 발전 효율을 높이려는 노력이 그 예이다. 로켓 추진체 연료로 사용되던 전통적인 물질인 케로신을 대체해 액체 수소를 사용하는 시도도 또 다른 예이다. 위에서 기술한 모든 영역에서 수소를 에너지원으로 사용하는 기술은 빠르게 진전되고 있어 미래 '수소경제 시대'를 여는 기폭제로 작용할 것으로 기대된다.

10. 진화하는 신재생에너지

수소에너지 외에도 다양한 신재생 에너지원이 개발되고 있다. 다양한 산업용 생산 설비, 민간 설비, 일상생활에서 다량의 열이 발생하고, 이 열은 대부분 소실되기 때문에 폐열이라 불려진다. 철강산업, 석유화학산업, 화력발전소, 열병합발전소 등 산업 현장의 대형 설비는 물론, 가정용 보일러, 냉장고와 같은 상시 가동 전자제품, 자동차 엔진 및 배기 시스템, 사람의 체온 등 다양한 영역에서 다량의 열에너지가 사라지고 있다. 태양광에 노출된 사물의 발열, 지구 하층부의 지열 등도 활용되지 못하고 있다. 이런 폐열을 전기 에너지로 바꾸는 발전 방식이 열전 발전(thermoelectric power generation)이다. 열전 발전에서는 제베크 효과(Seebeck effect)를 이용하는데, 이 효과는 서로 다른 종류의 금속 또는 반도체로 폐회로를 구성한 상태에서 양 접점에 온도 차를 주면 양단에 전위차가 발생한다는 원리이다(아래 그림 참조). 이때 발생한 기전력을 '열기전력'이라 부르고, 열전대(thermocouple)의 원리가 되기도 한다. 제베크 효과는 열적 비평형 상태에서 발생하며, 이 상태에서 전자, 정공의 열속도(thermal velocity)는 위치에 따라 달라진다($v_{th} \propto \sqrt{T}$). 고온부에서는 빠르고 저온부에서는 느려, 고온부에서 저온부로의 유효 전하 이동이 발생하고, 그 결과 양단에 서로 다른 전하밀도 및 전위차가 발생하는 것이다. 제베크 효과의 크기를 결정하는 것은 제베크 계수(Seebeck coefficient)인데, 이는 단위 온도차에서 유발되는 전위차로 정의된다. 제베크 계수 값은 물질에 따라 달라져, 금속은 보통 ~μV/K 수준인데 반해 반도체는 ~백 μV/K 수준이다. 이것이 열전 발전소자에 반도체 물질을 적용하는 이유이다. 현재, 열전소자를 적용해 폐열을 전기 에너지로 회수하려는 노력들이 진행 중이며, 일부는 상용화되기도 했다. 실례로, 독일 BMW는 엔진이나 배기구의 폐열을 전기 에너지로 변환해 엔진 보조전력이나 시트 냉난방에 사용하고 있고, 일본 시티즌(CITIZEN)사는 열전소자를 접목해 배터리나 태엽 없이 구동되는 손목시계를 개발해 시판하고 있다. 또 프랑스 오렌지(Orange)사에서 개발한 파워 부츠는 발의 열에너지를 전기로 변환해 발뒤꿈치 하단의 배터리에 저장하여 핸드폰 충전에 사용할 수 있게 했다. 2010년 타임 매거진 선정 최고의 발명품 중 하나인 이 부츠를 12시간 정도 착용하면 핸드폰을 1시간 정도 사용할 수 있었다고 한다.

다음 신재생에너지 수득기술은 압전 발전이다. 일반적으로 '압전 에너지 하베스팅(piezoelectric energy harvesting)'으로 알려진 이 방식에서는 기계적 에너지를 전기 에너지로 변환한다. 압전 발전은 압전 효과(piezoelectric effect)에 근간하는데, '압전 효과'란 압전 특성이 있는 물질에 압력을 가하면 전기가 생성되고(정압전 효과), 반대로 전기를 가하면 물질의 크기 변화가 유발되는 효과(역압전 효과)이다. 가스레인지나 가스라이터를 점화할 때 사용하는 효과가

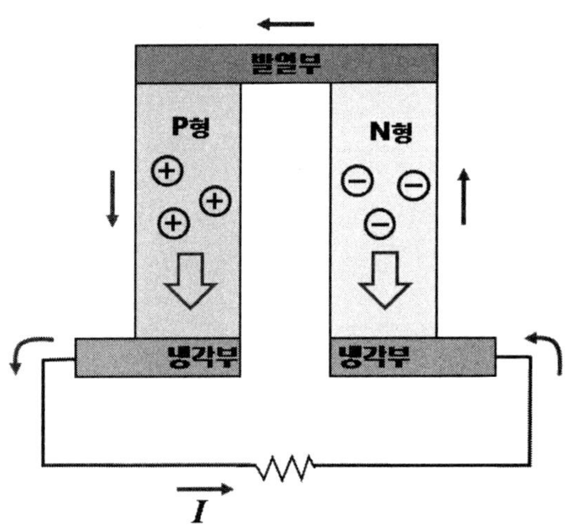

[그림] 열전 발전소자 구조와 작동 원리

이 압전 효과이다. 가장 보편적인 압전 재료로는 바륨 티타네이트($BaTiO_3$), 납 타이타네이트($PbTiO_3$), 납 지르코네이트 타이타네이트(PZT)와 같은 페로브스카이트(perovskite) 구조를 갖는 세라믹 물질들이 있다. 모두 압력 인가 상태에서 강한 유전 분극현상이 나타나는 강유전체(ferroelectric)들이다. 페로브스카이트 세라믹의 일반 화학식은 ABO_3이고, 구성 원소들은 이온화되어 있다. 이때 A와 B는 각각 +2가, +4가 양이온인 반면, O는 -2가 음이온이다. 이 물질의 단위 격자(unit cell)는 입방구조(cubic structure)를 갖는데, A 이온은 정육면체의 꼭짓점에, O 이온은 면의 중앙에, 그리고 B 이온은 육면체 정중앙에 위치한다(아래 그림 참조). 이 상태에서 단위 격자 내의 유효 양전하, 음전하량은 같게 돼 전기적으로 중성을 유지할 수 있다. 중요한 점은 이 정상 상태에서 양이온의 중심점(통상, B 이온의 위치에 의해 결정됨)은 음이온 중심점과 일치해 유전 분극

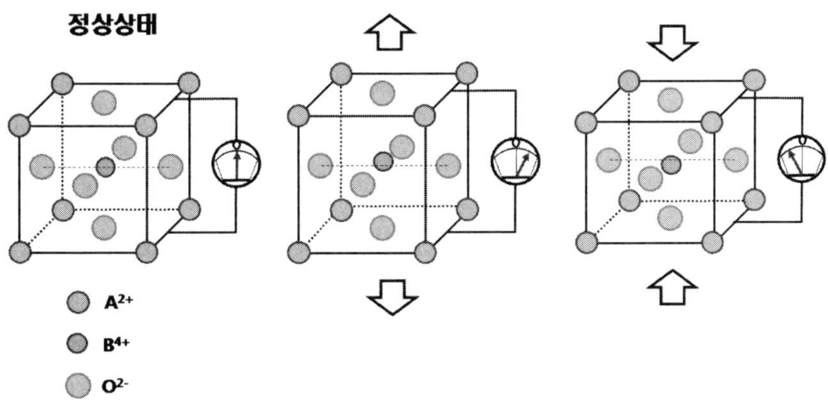

[그림] 페로브스카이트 격자구조와 압전 원리

(dielectric polarization)이 나타나지 않는다는 점이다. 그러나 압력이 가해져 크기의 변화가 유발되면 양이온 중심점은 음이온 중심점에서 미세하게 이탈한다. 이 미세한 위치 변화가 유전 분극을 일으키고, 외부에서는 전위차로 관찰된다.

일상생활에서 우리는 다양한 종류의 압력이나 진동을 경험한다. 여기서 진동도 규칙적 또는 불규칙적으로 압력을 가하는 작용으로 볼 수 있다. 보행자가 길을 걷거나 계단을 오를 때, 자동차가 도로 위를 달리거나 기차가 선로 위를 달릴 때, 농구장에서 농구 경기를 할 때, 클럽에서 많은 사람들이 춤을 출 때 등 많은 상황에서 바닥에 압력을 가하게 된다. 이뿐만 아니라 스마트폰과 같은 전자기기의 터치 패널을 누를 때도 압력을 가하며, 심지어 불어오는 바람도 스피커에서 나오는 소리도, 공장의 기계음도, 신체의 맥박도 어디엔가 압력을 가하게 된다. 이런 압력이나 진동이 강하게, 그리고 자주 가해지는 위치에 압전 발전소자를 설치하면 일정량의 전기 에너지를 수확할 수 있다. 압전 발전을 현장에 적용하려는 노력들이 진행돼 왔고 일부 결과는 실제로 사용되고 있다. 예를 들면, 일본 JR은 지하철 도쿄역의 개찰구 바닥에 압전 블록을 설치해 전기를 생산하고 있다. 유사하게 우리나라의 부산 지하철 서면역에도 압전 보도블록이 설치된 바 있다. 이스라엘에서는 압전 발전 고속도로를 건설해 자동차의 압력, 도로의 진동으로부터 전력을 생산하고 있는데, 2차선 도로 1 km 구간에 차량 600대가 지날 경우 약 250가구에 공급 가능한 전기를 생산할 수 있다고 한다. 압전 발전 분야의 글로벌 리더인 영국의 페이브젠(Pavegen Systems)은 바닥재 타일인 '페이브젠'으로 유명한데 이 타일에는 소형 압전 발전기가 내장돼 있다. 이 페이브젠은 런던 히드로공항과 올림픽 주경기장, 동부 쇼핑가 등에 설치돼 있고, 상가의 조명을 밝힐 수 있을 만한 전기를 생산한다고 한다. 네덜란드 로테르담의 한 클럽에는 '에너지 플로어'가 설치돼 있는데, 사람들이 춤을 추면서 생산한 전기는 실내 LED 조명의 전력원으로 사용되고 있다고 한다.

또 다른 신재생에너지 생산방식은 마찰전기 발전이다. 마찰전기 에너지 하베스팅(triboelectric energy harvesting)으로 불리기도 하는 이 방식은 서로 다른 물질의 접촉이나 마찰 시 나타나는 대전현상을 이용한다. 대전이란 물질의 접촉을 통해 물질이 전기적 중성 상태에서 특정 전하 상태로 바뀌는 현상을 말한다. 플라스틱 빗으로 머리를 빗은 후 머리카락이 빗에 달라붙거나, 풍선을 옷에 문지르면 풍선이 옷에 달라붙기도 하고, 종이를 플라스틱에 문지르면 종이가 플라스틱에 달라붙는 경험을 대부분 했을 것이다. 모두 대전현상으로, 마찰을 통해 한 물질에서 다른 물질로 전하가(대표적으로 전자가) 이동해 하나는 양으로, 다른 하나는 음으로 대전됐기 때문에 나타난 일들이다. 양이나 음으로 대전되는 경향에 따라 물질을 분류한 대전열에 따르면 종이, 털, 나일론, 유리 등은 양으로 대전되는 물질이고 고무, 범용 플라스틱, 테플론 등은 음으로 대전되는 물질이다. 기원전 300년에 마찰 대전에 대한 기록이 등장할 정도로 긴 역사를 지녔고 일상에서 흔히 접하게 되는 이 독특한 현상의 근원에 대한 이해는 아직 완전하지 못하다. 접촉하는 물질들의 일함수(work function) 차이, 전기음성도 차이, 표면 준위 위치 및 상태 밀도 등이 중요 인자로 인식되고 있으며, 구체적으로 열전자 방출(thermionic emission) 모델, 쇼트키

(Schottky) 모델, 변전 효과(flexoelectric effect) 모델, 분자간력(intermolecular force) 모델 등이 제안되었다.

이 대전현상이 발전의 영역으로 들어온 건 비교적 최근이다. 2012년 미국 조지아공과대학의 Zhong-Lin Wang 교수는 마찰전기 나노 발전기(triboelectric nanogenerator, TENG)를 최초로 구현하여 작은 기계적 에너지를 전기로 환원할 수 있음을 입증하였다. 그 이후 많은 연구가 활성화돼 다양한 마찰전기 발전기가 개발되었다. 마찰전기 발전기가 작동하는 모드는 크게 네 가지로 분류할 수 있다. 수직 접촉-분리 모드(vertical contact-separation mode), 수평 슬라이딩 모드(lateral-sliding mode), 단일 전극 모드(single-electrode mode), 자유 마찰전기층 모드(freestanding triboelectric-layer mode)가 그것이다. 가장 기본이 되며 효율도 좋은 수직 접촉-분리 모드를 이용해 마찰전기 발전기의 작동 원리를 살펴보자(아래 그림 참조). 기본 구성요소는 서로 마주 보고 있는 두 개의 대전체/전극 쌍이다. 이때 대전체 중 하나는 양전하성으로, 다른 하나는 음전하성으로 구성한다. 외부의 압력이나 진동에 의해 두 대전체가 접촉하면 대전현상에 의해 계면에 각각 양전하, 음전하가 유도된다. 가해진 기계적 힘이 제거돼 두 대전체가 벌어지기 시작하면, 각 대전체/전극 쌍은 정전기적 평형을 유지하려 하고, 그를 위해 외부 회로를 통해 한쪽 전극에서 반대쪽으로 전류가 흐른다. 이 전류가 마찰전기에 의해 유발된 전류이다. 반대의 과정도 유사하다. 외부에서 힘이 다시 가해지면 분리된 두 대전체는 가까워지는데, 이 경우 각 대전체의 표면에만 유효 전하가 분포해야 한다. 이를 위해 한 전극의 전자들이 반대쪽으로 이동, 거기 있던

양전하를 상쇄하며 전극 전하들은 사라져 간다. 이 과정에서 외부 회로를 통한 전류 흐름이 다시 나타난다. 다만 전류 흐름의 방향은 이완 과정에서의 전류와 반대이다. 반복적인 압력이나 진동이 가해질 때 이런 일련의 과정을 통해 마찰전기가 효율적으로 발생하는 것으로 보고돼 있다. 예를 들어, 한국화학연구원 연구팀은 최근 고효율 마찰전기 발전소자를 개발했다고 보고했는데, 그에 따르면 동전 크기 소자 하나가 50 mW LED 전구 100개를 밝힐 수 있었다고 한다. 이런 마찰전기 발전은 옷이나 신체에 부착할 수 있는 웨어러블 기기, IoT 기기,

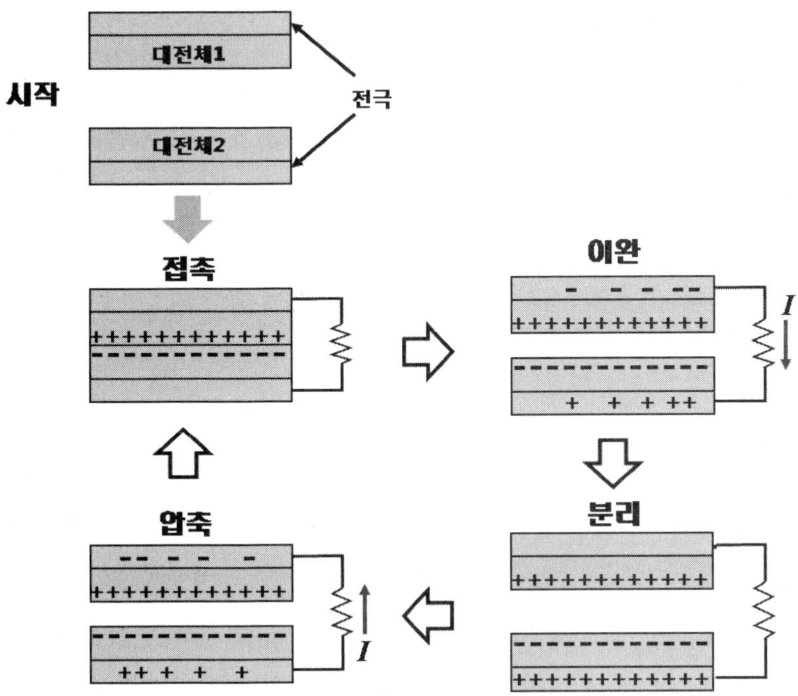

[그림] 마찰전기 발생 원리

자가 전원을 요하는 센서 등 다양한 분야에 활용할 수 있을 것으로 기대된다.

이 외에도 버려지는 전자기파를 이용하는 전자기 에너지 하베스팅(electromagnetic energy harvesting), 해양 파도의 움직임을 전기로 바꾸는 파력 발전(wave power generation)도 있다. 전자기파 에너지 하베스팅에서는 우리 주변의 통신용 전자기파(주로, 진동수 3 kHz ~300 GHz 대역의 이동통신, 무선 인터넷, Wi-Fi용 RF 파)로부터 필요한 에너지를 얻는데, 전자기 유도와 패러데이 법칙을 이용한다. 사실, 이 기술은 많이 보급된 무선 충전기와 원리가 유사하다. 무선 충전기는 수신 기기에 내장된 RF 회로의 고유 진동수를 이용한 공명현상으로 특정 진동수의 전자기파를 수신해 전류로 바꿈으로써 충전을 시작하는데, 거리가 멀어지면 충전이 안 되고 수신 가능한 진동수도 특정돼 있다. 반면 전자기파 에너지 하베스팅은 서로 다른 진동수의 미약한 전자기파도 수신할 수 있도록 설계되며, 전자기파 발원지에서 비교적 멀리 떨어진 지점에서도 전기 에너지 수확이 가능하다. 2010년 국제가전박람회(CES)에서 미국 RCA 사는 '에어너지(Airnergy)'라는 휴대용 전자기파 에너지 변환장치를 소개했는데, Wi-Fi 핫 스팟에서 90분 간 유지 시 블랙베리폰을 30% 정도 충전할 수 있었다고 한다. 파력 발전에서는 바다 해수면파의 파랑에너지를 진자의 운동에너지로 전환해 발전기를 돌리거나, 위쪽에 공기가 차 있고 아랫쪽은 물에 잠긴 격실을 설치해 파도의 입출(入出)에 따른 공기의 수축·팽창을 이용해 발전기 터빈을 돌려 전기를 생산한다. 또한 월파형 파력 발전도 있는데, 이는 파도 진행 방향에 사면을 두어 사면을 넘는 파도의 운동에너지를 위치에너지로 바꾼 다음, 이를 이용해 수차 터빈을 돌려 발전하는 방식이다. 실제로 호주의 스타트업인 'Wave Swell Energy'는 자체 개발한 200 kW급 파력 발전기 '유니웨이브200(UniWave200)'을 태즈메니아 킹 섬에 설치해 발전을 시작했고, 송전망을 이용 킹 섬의 일반 가정과 기업에 전력을 공급하고 있다.

다양한 신재생에너지 기술들이 연구개발되고 있다는 사실을 알 수 있다. 각 방식은 태양광, 열, 압력 또는 진동, 전자기파, 파도와 같은 산재한 에너지원에서 알뜰하게 필요한 전력을 만들어 내고 있다. 그러나 각 기술들은 나름의 단점들을 가진 것도 사실이다. 첫 번째로, 에너지 변환효율이 아직 낮다는 점이다. 상용 태양광 발전은 20%에 못 미치고 열전 발전은 10% 내외이다. 두 번째로, 전력 생산의 단속성도 문제가 된다. 태양광 발전은 낮에만 작동하고, 압전 발전이나 마찰전기 발전에서는 압력이나 진동이 가해지는 경우에만 발전 가능하다. 세 번째로, 발전 용량이 대체로 낮다. 개별 발전소자에서 생산 가능한 전력이 μW나 mW 수준이면 소형 센서 구동이나 스마트폰 충전 정도만 가능할 것이다. 에너지의 파급성이 떨어진다는 얘기다. 네 번째로, 설치와 유지에 드는 비용도 대체로 높고, 장기 안정성도 아직 검증되지 않았다. 태양광 패널의 설치 비용은 많이 내려갔지만, 파력 발전기 건설 비용은 상당히 높고 유지도 어렵다고 알려져 있다. 압전이나 마찰전기 발전의 경우, 지속적인 압력 또는 진동에 노출돼 점진적인 성능 저하와 수명 단축 우려가 있다.

그러나 연구자들의 헌신적인 노력과 집단 지성 덕분에 난제들을 개선해 나가고 있다. 새로운 구조와 물질의 도입을 통해 성능을 개선하고, 이종의 에너지 재생 기법을 융합해 효율을 증진하기도 하며, 동일한 대상에 서로 다른 재생 기법을 동시 적용하기도 한다. 한 예로, 영국 보다폰(Vodafone)사는 '파워 포켓(power pockets)'이라는 신체에 부착하는 발전기를 판매하고 있는데, 바지 주머니에 부착해 압전 발전을 하는 제품과 슬리핑 백이나 상의에 부착해 열전 발전을 하는 제품을 동시에 판매하고 있다. 이런 복합적 에너지 수확은 다양한 영역에서 가능하다. 태양광을 받는 대상물은 서서히 온도가 올라가기 때문에 태양전지 패널 설치와 동시에 열전 발전이 가능할 것이다. 뿐만 아니라 고려 대상 사물은 대체로 외부에 위치해 있으므로 바람에 노출될 수밖에 없고, 이를 이용하면 압전 발전 또는 마찰전기 발전도 병합될 수 있으리라 예상된다. 앞에서 열전 방식으로 구동되는 손목시계의 사례를 들었는데, 손목에 두르는 웨어러블 장치는 체온을 이용하는 열전, 맥박을 이용하는 압전 방식을 병행하면 좀 더 고효율로 에너지를 수확해 휴대용 전자기기도 구동시킬 수 있을 것이다. 나아가 열이나 압력에 강한 새로운 물질을 개발해 내구성을 증진하고, 그러면서도 비용을 낮추는 방안도 찾고 있다. 이와 동시에 발전소자들의 융합과 내부 저항 강하를 통해 출력을 높이려는 노력도 경주하고 있다. 발전소자들의 직렬연결을 통해 전압을 증폭하고, 병렬연결을 통해 전류를 증폭함으로써 출력을 큰 폭으로 높일 수 있다. 태양전지 셀들을 집적해 모듈을 만들고 다시 모듈을 집적해 패널을 만드는 이유가 여기에 있고, 동일 이유로 열전 발전기도 개별 소자가 아닌 소자들의 집적체로 운용된다. 이런 지속적인 노력의 결과로 신재생에너지 생산 효율은 높아지고 그 활용 폭은 점차 넓어질 것임에 틀림없다.

05

에너지와 문명

1. 문명은 어디를 향해 가고 있나?

현 시대는 디지털 IT 기술이 지배하는 시대이다. 따라서 현 시대를 대표하는 문명은 디지털 문명이라 할 수 있다. 노·장년층은 유년기를 보낸 세상과 현 세상이 완전히 다르다고 느낀다. 문명이 발달했기 때문이다. 세상을 풍요롭게 채우고 있는 가공 물질들, 제품들, 구조물들, 기술들, 정보들, 그리고 효율적이고 유기적인 사회구조들까지 모두 진화한 형태를 취하고 있다. 살아보지는 않았지만 조선시대 또는 근대 한국의 세상 풍경과는 비교 불가한 정도이다. 그렇다면 우리는 어떻게 문명의 진보를 느끼는가? 경제적 부의 증진이 문명의 진보를 앞당기고 다시 진보한 문명은 새로운 부의 창출을 유도하는 상호작용 효과가 있음은 분명하나 부유함이 문명의 진보를 대변하지는 않는다. 오히려 자동차의 평균속도가 빨라지고, 고속열차가 등장하고, 스마트폰이 대중화되고, 화폐보다 다른 결제 수단의 활용도가 높아지고, AI와 로봇이 파급되고, 화성 탐사가 본격화되는 등 혁신 기술의 개발·

보급 사례들을 통해 실감하는 경우가 더 많다. 디지털 문명 시대에는 앞에서 다루었던 유통되는 총 정보량, CPU 및 GPU 칩 생산량, 메모리 칩 생산량(총 저장용량)과 같은 데이터를 통해 문명의 진보를 엿볼 수 있을 것이다. 이러한 데이터는 겉으로 드러나지 않기에 일반 시민들은 알 수 없지만 전문 데이터 취급기관에 따르면 지속 증가 추세에 있다. 문명의 진보를 대변하는 주요 파라미터가 될 수 있다.

이쯤에서 인류의 문명이 어디를 향해 가고 있는지를 고찰해 볼 필요가 있다. 인류의 과거 여정이 참고가 될 것이다. 여러 면에서 살펴볼 수 있다. 먼저 평균수명이다. 프린스턴 대학의 연구에 따르면, 신석기 시대 인류의 평균수명은 28세에 불과했다고 한다. 그리스, 로마 시대에는 35세로 늘어났고, 후기 중세 시대에는 다시 38세로 늘었다가 1850-1900년에는 40세로 조금 더 길어졌다. 조금씩 늘긴 했으나 약 30,000년에 걸친 긴 여정 동안 인류 평균수명은 30-40세의 박스권에 갇혀 있었다고 봐도 무방하다. 우리나라의 경우는 사료가 충분치는 않으나 고려시대 왕들의 평균수명은 41세, 조선시대 왕들의 평균수명은 46세 정도로 평가된다. 이렇게 낮은 평균수명은 인류가 각종 질병, 전염병 등에 대처할 만한 의료기술을 갖추지 못한 점이 큰 이유가 되고, 저조한 영양 상태, 취약한 생활환경 등도 한 몫 했다고 보여진다. 그러다 1900년 이후에는 평균수명이 70세 이상으로 급증했고, 21세기 현재 기대수명은 82-85세 정도이다. 이 기간 천연두, 결핵, 장티푸스와 같은 전염병들에 대한 백신이 개발되었고, 아스피린을 포함한 각종 의약품들이 개발·보급되었으며, X-ray, 청진기와 같은 질병 진단 기술 및 수혈 기술, 마취 기술과 같은 외과 기술들이 개발되고 진화했다.

또한, 냉장고의 개발은 모든 가정에서 세균 번식을 억제하며 장시간 음식을 보관할 수 있게 함으로써 인류 건강을 지킨 숨은 공로자로 톡톡한 기여를 했다.

이런 여정을 거치며 인류는 좀 더 긴 수명을, 좀 더 건강하게 살 수 있게 되었다. 현재 인류 건강의 위협은 전 사회적인 전염성 질환이 아니라 개인별 발병 특성이 강한 고혈압, 당뇨병, 고지혈증, 비만과 같은 대사증후군이다. 수명 단축의 주요 원인이었던 암도 차츰 정복되고 있다. 미래에는 어떻게 될까? 인공지능이 개인별 유전 특성, 유병 이력 등을 근간으로 맞춤형 건강관리를 하고 발병 시 진단 및 치료 효율도 높이며, 난치성 질환의 경우 유전자 변형이나 줄기세포 유도 성장, 손상 부위 자가 치유, 뼈나 피부 재생 등 다양한 기술 발전에 힘입어 평균수명은 더 늘어날 것이 확실하다. 여기에, 칩 이식이나 부분적 로봇 기능 접목을 통해 손상된 신체기능을 복구하거나 오히려 향상시키는 기술이 활성화될 수도 있다. 미국 워싱턴대학교 연구팀은 2100년에는 인간의 기대수명이 최대 124세에 이를 것으로 예측했다.

다음은 이동 수단의 진보이다. 먼 옛날 현생 인류의 이동 수단은 보행이었다. 아프리카에서 발원한 호모 사피엔스는 세계 각지로 이동했는데, 이 과정에서 매년 평균 5,200 km를 걸은 것으로 분석됐다. 그 이후 정착 생활이 시작되고, 마을과 도시가 건설되며 동물 이동 수단이 등장했다. 기원 전 3500년 경 최초로 바퀴가 발명된 이래 바퀴로 움직이는 수레가 사용되기 시작했고, 이 수레를 끈 동물은 소였다. 소는 순하고 힘이 셌으나 느린 단점이 있었고, 그래서 등장한 동물이 당나귀였다. 지역별 특성에 맞는 동물 수단이 등장하기도 했는데 사막

지역의 낙타, 인도 지역의 코끼리, 극지방의 개 등이 그것이다. 그러다가 등장한 동물이 말이었는데 말은 인간의 이동 속도를 획기적으로 증진시키고 원거리 통신도 가능하게 하여 사람들 간, 지역 간 교류의 범위를 대폭 넓히는 역할을 하였다. 18세기 중엽, 산업혁명기에 발명된 증기기관을 이용한 증기 자동차, 증기 기관차, 증기선 등은 사람들의 이동을 획기적으로 개선했고, 19세기 말 발명된 내연기관차는 이동 속도 및 편의성을 더욱 증진해 오늘날까지도 주 교통수단으로 자리매김하고 있다.

1903년 라이트 형제에 의한 최초의 동력 비행 성공 이후 하늘을 날고자 하는 인간의 꿈은 현실이 되었고 항공기 기술의 큰 진보를 이루었다. 라이트 형제가 장착한 엔진은 4기통 가솔린 프로펠러 왕복 엔진이었고, 이후 이 엔진은 제 1, 2차 세계대전을 거치며 추진력을 키워 나갔지만 프로펠러 비행기의 구조적 한계로 공기 저항 증가 문제에 봉착하게 되었다. 그러다 20세기 중반 제트엔진이 개발되며 기존 프로펠러 엔진을 밀어냈고, 제트엔진 기술의 발달과 유체역학적 동체 설계를 통해 빠른 운항 속도를 달성했다. 전투기 최고 속도 보유자는 미국의 록히드 SR-71로 마하 3.5(시속 4,288 km)를 기록한 바 있고, 보통의 여객기도 정상 고도에서 시속 900 km 정도로 운항한다. 항공 기술의 발달은 전 세계를 연결하고, 문명 간 교류를 활성화해 모든 사람들을 세계 시민화 시키는 역할을 하였다. 이제 어디에 살든 가고 싶은 곳에 가, 하고 싶은 경험을 할 수 있게 되었다.

제트 항공기를 이용한 전 세계의 연결을 넘어 인류는 지구를 벗어나려는 노력을 경주하기 시작했다. 지구를 벗어나기 위해서는 강력한 중력장을 극복할 만한 탈출속도(11.2 km/s)가 요청되는데 이 속도를 얻기 위해서는 강력한 로켓 추진체가 필요하다. 최초의 우주선은 1957년 발사된 소련의 '스푸트니크 1호'라는 인공위성인데 이 인공위성을 지구 저궤도에 올리기 위해 'R-7'이라는 다단계 로켓을 사용했다. 이 위성의 궤도 운동 속도는 시속 29,000 km에 달했다. 이에 자극받은 미국은 1958년 미국 항공우주국(NASA)을 발족시켰고, 동년에 최초의 인공위성을 발사했다. 이후 미국과 소련 간 우주 경쟁은 더욱 치열해졌고, 1961년 소련의 유리 가가린은 보스토크 1호를 타고 최초의 우주 비행에 성공했다. 이에 다시 자극받은 미국은 '아폴로 계획'을 추진했고, 그 결과 1969년 아폴로 11호가 달 표면에 착륙해 닐 암스트롱과 버즈 올드린이 지구 이외의 천체에 최초로 족적을 남기는 개가를 올렸다. 이후 미국은 성간 우주를 탐사하기 위해 1977년에 보이저 1, 2호를 발사했다(아래 이미지 참조). 두 우주선은 시속 60,000 km의 속도로 48년 째 우주를 비행하며 많은 정보를 지구로 보내고 있다. 특히, 보이저 1호는 2012년에 태양계를 탈출함으로써 태양계를 벗어난 최초의 우주선이 되었다.

그 다음 고려할 요소는 경제활동을 통한 총생산의 규모이다. 영국의 경제학자 앵거스 매디슨(Angus Maddison)은 서기 1년에서 2020년 사이 전 세계 경제 규모를 추산했다. 그에 따르면 서기 1년 전 세계 GDP는 1,054억 달러였고, 서기 1000년에는 1,203억 달러로, 1500년에는 3,250억 달러로 증가했다. 200년 후인 1700년 GDP는 3,714억 달러로 증가했는데, 서기 1년~1700년 사이 GDP 상승을 이끈 주역은 인구 성장이었다. 서기 1년 467달러였던 1인당 GDP는 1700년 616달

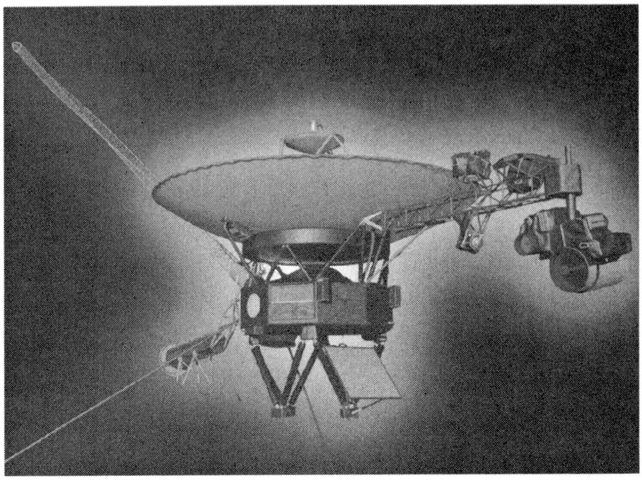

[그림] 보이저 1호 이미지

러로 증가해 1700년 간 증가율이 31.9%에 불과하다는 점에서도 이 사실을 알 수 있다. 기존 기술의 혁신이나 신기술 개발이 별로 없었고, 기술 발전이 생산성 향상으로 연계되지도 못했기 때문으로 추측된다. 그러다 산업혁명기를 거친 1870년 전 세계 GDP는 1조 1,109억 달러로 급증했고, 세계대전을 겪은 직후인 1950년에는 5조 3,310억 달러로 성장했다. 다시 냉전기를 거치며 20년이 경과한 1970년에는 GDP가 3배 성장했고, 전 세계적 산업 개발과 IT 산업 부흥기를 맞은 2005년에는 GDP 규모가 42.5조 달러 규모로 확대됐다. 이후에도 세계 경제 규모는 빠른 성장세를 보여 2023년 4월 기준 전 세계 GDP는 105조 달러에 도달했다. 미국의 GDP가 약 25조 8,500억 달러로 전 세계 GDP의 25.5%를 차지하고, 그 다음이 중국으로 약 19조 3,700억 달러 규모이다. 선사시대 GDP는 산출하기 어려우나 매우 낮은 수준으로 추정된다. 즉 선사시대 이후 인류는 문명을 진보시키는 과정에서 총생산 규모를 지속적으로 키워 왔고, 특히 산업혁명 이후 생산성은 비약적으로 증진됐으며 생산성의 빠른 증가세는 오늘날까지도 유지되고 있음을 알 수 있다(그래프 참조). 그리고 이 생산성 증가는 미래에도 지속될 것으로 추정된다.

에너지 사용량도 최근 1~2세기에 걸쳐 급격한 증가를 보인 것으로 분석됐다. 앞서 4장에서 1990년 이후 에너지 소비량이 지속 증가하고 있음을 보였는데, 에너지 소비량이 급격하게 증가하기 시작한 시점은 산업혁명기를 거친 19세기 말 전후로 분석된다. 1900년 약 1,000 Mtoe 정도이던 에너지 소비량은 2019년 13,900 Mtoe로 증가해, 100년 남짓한 기간 동안에 10배 이상 증가하는 빠른 증가세를 보였다. 마지막으로 자원 소비량도 1900년 이후 빠른 속도로 증가해 왔고 앞으로도 그

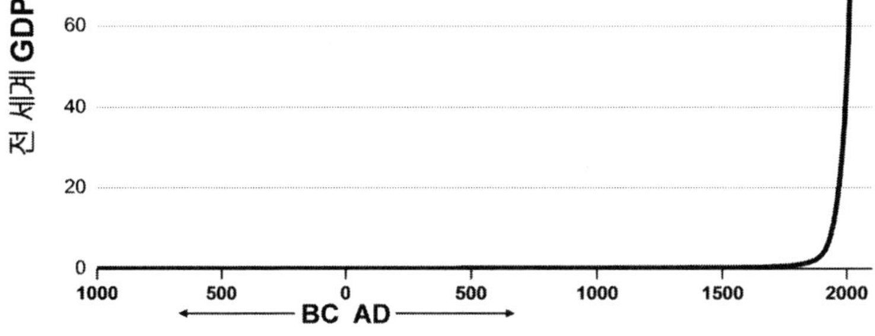

[그림] 전 세계 GDP 변화

증가 추세는 유지될 것으로 전망된다. 2019년 발표된 순환경제 보고서에 따르면 1900년 전 세계 자원 소비량은 70억 톤에 불과했지만 1970년에는 267억 톤으로 증가했고, 다시 2017년에는 921억 톤으로 증가했다. 2050년이 되면 자원 소비량이 2배 수준인 약 1,800억 톤까지 증가할 것으로 예상된다. 자원 소비량의 빠른 증가는 급격한 산업화와 지속적인 인구 성장에 기인하는데, 그 중에서도 2000년대의 자원 소비는 중국 등 신흥 개발도상국들에 불어닥친 거센 산업화 바람에 큰 원인이 있었다.

상기 고찰로부터 인류 문명의 진보를 통해 인간의 수명은 약 3배 길어졌고, 생산성은 비약적으로 증대됐으며, 이동의 속도와 이동 가능 거리 또한 폭발적으로 늘어났음을 알 수 있다. 이런 비약적인 발전은 엄청난 과학·기술의 진보, 자원과 에너지 사용량의 폭발적인 증가에 힘입은 결과라 할 수 있다. 그리고 이들 사이에는 강한 상호 연계성이 존재한다는 사실도 부인할 수 없다. 과학·기술의 진보를 통해 천연자원의 탐사·채굴 방법을 향상시키고 다양한 에너지를 효율적으로 수확할 수 있었고, 이들을 사용해 산업을 개발하여 부를 창출하고 그 부를 투입해 과학·기술의 추가적인 진보를 촉발하는 선순환 사이클이 작동했던 것이다. 그렇다면 각 단계 문명의 수준을 결정하는 인자는 무엇이며 어떤 기준으로 수준을 분류할 수 있을까? 상기 문명 진보의 선순환 사이클 상 모든 요소가 결정 인자가 될 수 있으나 과학·기술의 수준은 계량화하기 어렵고 우리가 고려하는 자원은 지구 내 부존자원이므로 지구 경계를 벗어나면 자원의 연속성을 유지하기 어렵다. 이런 측면에서 에너지 소비량이 보다 적절한 지표가 될 수 있을 것이다.

2. 외계 문명은 존재하는가?

과거 필자의 취미는 영화 보기였다. 그때 즐겨 본 장르 중 하나가 공상과학(SF) 영화였다. 스타워즈나 스타트랙 시리즈는 꽤 오랫동안 관심 있게 봤고, 그 외에도 인디펜던스 데이, 우주전쟁, 컨택트, 디스트릭트 9처럼 외계인의 지구 침공(또는 방문)을 소재로 한 영화도 흥미롭게 봤다. 비교적 최근에 재미있게 본 영화 중에는 어벤져스 시리즈도 있다. 이런 영화들이 흥미롭게 다가온 이유는 다양한 외계 문명이 등장하고 대체로 그 수준이 인류의 문명 수준을 훨씬 상회한다는 점 때문이었다. 예를 들어, 스타워즈에서 은하 제국의 수도로 등장하는 코러산트 행성에는 약 4조 명의 인간과 외계인들이 모여 살고, 수천 층에 이르는 마천루들이 도시를 빼곡히 채우고 있는 것으로 묘사된다. 인디펜던스 데이에서 뉴욕시 만한 외계 우주선이 도시 상공에 떠서 정지해 있는 모습도 인상적이었다. 비슷하게 컨택트나 디스트릭트 9에 등장하는 또 다른 모양의, 그러나 상당히 큰 우주선의 공중 정지 장면도 기억에 남는다. 스타워즈나 스타트랙에서는 초광속 행성간 여행이 너무 자주 나와 마치 현실 세계에서도 가능할 것만 같은 착각을 불러 일으킨다. 어벤져스에서 인피니티스톤 링을 낀 타노스의 에너지 제어 능력을 보면 감탄이 절로 나온다. 직접 보진 않았지만 2021년 개봉한 이터널스에는 아리셈이라고 하는 거대한 존재가 등장하는데 그의 에너지 제어 스케일은 초 항성급이다.

외계인과 외계 문명은 실제로 존재하는가? 위대한 물리학자 엔리코 페르미도 동일한 질문을 던졌다. 1950년 여름의 어느 점심시간, 미국

[그림] 외계 문명이 등장하는 SF 영화들

로스앨러모스 국립연구소(Los Alamos National Laboratory)에서 동료 과학자 3명과 외계 문명에 관한 대화를 나누던 페르미는 갑자기 “외계인들은 어디 있는 거지?”라는 질문을 던진다. 이 짧은 질문은 페르미 역설(Fermi paradox)로 알려져 있는데, 외계인과 외계 문명의 존재에 관한 활발한 논쟁을 불러 일으켰다. 당시 그들의 대화는 ‘뉴요커(The New Yorker)’라는 잡지에 실린 비행접시에서 나온 외계인들이 뉴욕의 쓰레기통을 가져가는 그림을 소재로 이루어졌다. 그들은 우주의 나이, 우주에 존재하는 행성의 수, 지구와 유사한 환경을 가진 행성 존재 확률, 생명 발생 확률, 지적 생명체로 진화할 확률, 고등기술 개발 확률 등을 고려하면 지구보다 앞선 외계 문명이 존재해야 하고 외계인들은 이미 지구에 방문했어야 한다는 결론에 도달했다. 그런데 지구를 방문한 외계인을 발견한 사실이 없으니 역설적임을 표현한 질문이었다.

페르미 역설에 대한 대응으로 몇 가지 가설이 제기되었다. 첫 번째는 '외계인은 이미 지구에 와 있다'라는 가설이다. 이 가설은 '외계문명 기원설'이나 '초고대 문명설'과 관련이 있는데, 지구의 문명, 그 중에서도 불가사의한 고대문명은 외계인들에 의해 전수된 것으로 본다. 외계인들이 인류와 접촉하고 활동하고 있으나 이를 비밀로 하고 있다는 일종의 음모론도 이 가설에 속한다고 볼 수 있다. 두 번째는 '외계인은 존재하나 우리와 의사소통할 수 없다'는 가설이다. 생화학자이자 저명한 SF 작가인 아이작 아시모프는 "우주는 우리 문명만 존재하기에는 너무 넓으나 서로 다른 문명이 만나기에도 너무 넓다"고 말했다. 여기에는 우리 문명의 기술적 한계도 존재한다. 인류는 지난 100여년 간 우리의 존재를 알리는 전파를 우주의 모든 방향으로 발사했지만 아직 회신된 사례는 없다. 이 기간 전파는 물리학적으로 가장 빠른 속력인 빛의 속력으로 날아가 100광년 거리에 도달했겠지만, 지구를 중심으로 반경 100광년 범위에 드는 항성계는 약 75개 정도에 불과하다. 한 마디로 말하면, 외계 문명과 접촉하기에는 우리 기술 수준이 너무 낮다고 보는 것이다. 또 다른 측면에서는, 외계 문명이 너무 고도화돼 전파 통신과 같은 뒤떨어진 통신 방식을 쓰지 않기 때문에 우리와 의사소통을 할 수 없다고 주장하기도 한다. 세 번째는 '외계인은 존재하지 않는다'라는 가설이다. 이 가설에 따르면 전 우주를 통틀어, 아니면 적어도 우리 우주 안에서 고등문명을 탄생시킨 지적 생명체는 인류가 유일하다. 이는 우주 환경의 가혹성을 고려할 때 지구와 같은 지적 생명체가 탄생하기에 적절한 환경을 갖춘 천체는 지구뿐이라는 가설로, '희귀한 지구 가설'과도 일맥상통한다. 간단히 말하면, 고등생명체의 출현을 위해서는 대상 행성이 적절한 은하계의 적절한 위치에서, 적절한 크기의 항성 주위를, 적절한 거리로 돌아야 하며, 행성의 크기 및 내·외부 구성도 적절해야 하고, 항성계 내 다른 행성들의 구성 및 상대 궤도도 적절해야 하며, 모든 행성들의 궤도 운동도 안정적이어야 하고, 적당한 물과 자기장의 존재 등 기타 조건들도 충족되어야 한다. 우주 스케일로 보더라도 이 모든 조건을 만족하는 별은 찾기 어려우며, 지구가 유일하다고 보는 입장이다. 태양계 내에서 지구와 같은 골디락스 존에 드는 달에서 조차도 어떤 생명체도 발견할 수 없다는 점도 지구의 특별함을 대변해 준다. 이 세 번째 가설의 한 지류로 '외계인은 과거에 존재했으나 모두 멸망했거나 숨었다'는 가설도 제시되었다.

외계인과 외계 문명에 관한 위 세 가지 가설 중 어느 것이 맞는지 현재로는 판단하기 어렵다. 보다 정확하게는 판단할 만한 데이터가 축적되지 않았다. 이와 맞물려 외계 문명에 기원한 미확인 비행물체(Unidentified Flying Object, UFO)의 실재 여부도 오랜 논쟁거리이다. UFO 모양의 그림이 선사시대 동굴 벽화나 고대 사원의 벽에 그려진 사례처럼 UFO의 역사는 길다. 우리나라의 경우도 조선왕조실록에 UFO와 유사한 비행 현상에 대한 기록이 등장한다. 최근 전 세계적으로 UFO 목격담이 많이 보고되고 있으며, 카메라 성능 개선의 결과로 보다 선명한 화질의 UFO가 찍히기도 한다. UFO 전문가들에 따르면, UFO라 주장하는 대부분의 현상들은 새, 벌레, 유성, 풍선, 조명, 인공위성, 구름, 드론 등을 오인하거나 영상을 조작한 경우라고 하나, 약 5% 정도는 그 실체가 밝혀지지 않았다. 2020년, 미국 국방부는 UFO 관련 영상 3건을 공개하기도 했는데, 여기에는 전투기 조종사들이 UFO 비행에 감탄하는 대화도 등장한다. UFO 비행 특성은 다양하나 '관성을 무시하는 것 같은 순간 가속이나 수직 경로 변경', '열 신호나 소닉 붐이 없는 초음속 기동', '공기역학과 반대되는 이동' 등은 기존의 물리법칙으로는 설명되지 않는 놀라운 현상들이다. 미국은 국방부 주도로 미확인 비행현상(Unidentified Aerial Phenomena, UAP) 연구 프로젝트를 진행한 바 있으며, NASA는 2022년 UAP 연구 전담팀을 발족하였다. UAP 현상을 보다 공개적으로 취급해 보다 많은 정보를 수집하려는 노력의 일환으로 해석된다.

3. 문명의 구분

앞 장들에서 기술한 것처럼, 인류는 자원을 발굴하고 신기술을 개발하며 문명을 발전시켜 왔다. 현재 우리가 누리고 있는 ICT 문명, 급증한 경제 규모, 그 과정에서 생산·소비되고 있는 엄청난 데이터와 에너지 모두 문명 진보의 산물이다. 우리의 시각으로 보면 현 문명 수준은 선사시대나 고대, 중세 시대, 심지어는 산업혁명 시대와 견주어도 비교 불가한 고차원 수준이다. 그런데 시각을 넓히고 상상력을 발휘해 인류 문명 수준을 일반화하면 어떻게 될까? 우리의 지식이나 기술 수준은 현실에 기반해 유한하나 상상력은 무한하다. 그리고 그 상상의 세계, 미래의 세계는 현실과 비현실이 공존하고 실재와 부재 사이의 갑론을박이 치열하다. 앞서 예로 든 SF 영화에 등장하는 여러 장면, 외계 문명의 존재 유무, UFO의 실재 유무 등이 그러하다. 분명한 건 만약 이들이 실재한다면(또는 과거에 실재했거나 미래에 도래한다면) 그들의 문명 수준은 현 인류의 지식이나 기술 수준을 훨씬 상회할 가능성이 높다는 점이다.

전 우주에 걸쳐 존재하거나 존재 가능성이 있는 문명의 수준을 구분하기 위해 다양한 척도와 기준이 제시되었다. 그 중 가장 유명한 것이 소련의 천문학자 니콜라이 카르다쇼프가 제안한 '카르다쇼프 척도(Kardashev scale)'이다. 카르다쇼프 척도는 총 에너지 사용량을 기준으로 문명을 구분한 척도로, 각 문명에서 방출하는 복사 에너지의 총량으로 문명 수준을 분석할 수 있다는 관점을 견지한다. 카르다쇼프는 문명이 발전함에 따라 에너지 소비량도 비례해서 증가할 수밖에 없다고 봤다. 문명의 수준을 나타내는 인자인 n은 다음의 공식으로 구한다.

$$n = 0.1 \log P - 0.6$$

여기에서 P는 문명이 생산·소비하는 총 에너지량으로 단위는 W이다. 카르다쇼프 척도에서는 문명을 크게 I단계 이전과 I, II, III 단계로 나눈다. I단계 이전은 행성에 도달하는 항성의 복사에너지보다 적은 에너지를 생산·소비하는 단계로 인류 문명이 여기에 해당한다. I단계는 행성급 에너지를 이용하는 단계로, 에너지 사용량이 1 PW (=10^{16} W) 수준이다: $n = 0.1 \log(10^{16}) - 0.6 = 1.6 - 0.6 = 1$. II단계는 항성급 에너지를 이용하는 단계로, 에너지 사용량을 100 YW (=10^{26} W) 정도로 추산한다: $n = 0.1\log(10^{26}) - 0.6 = 2.6 - 0.6 = 2$. III단계는 은하급 에너지를 이용하는 단계로, 에너지 사용량이 대략 10^{36} W에 이른다고 추정한다: $n = 0.1\log(10^{36}) - 0.6 = 3.6 - 0.6 = 3$. 카르다쇼프 척도의 단계 구분에서는 각 단계에서 다음 단계로 도약하기 위해서는 에너지 사용량이 100억 배(10^{10} 배) 증가해야 한다. 산술적으로 계산하면, 매년 5%씩 에너지 사용량이 증가한다고 가정할 때 472년이 경과하면 에너지 사용량이 초기량의 100억 배에 도달하기 때문에 다음 단계로 넘어갈 수 있다(아래 계산 참조).

$$(1+0.05)^x = 10^{10}$$

$$\downarrow$$

$$x = \log_{1.05}10^{10} = 10\log_{1.05}10 = 10(\frac{1}{\log 1.05}) = 472$$

그러나 1970년대 초부터 2020년까지 약 50년 간 연평균 에너지 소비량 증가율은 2% 정도에 지나지 않았고, 특히 2010년 이후에는 증가율이 1.5% 수준에 머물렀다. 2022년 기준 인류의 총 에너지 소비량은 19.36 TW이고, 따라서 I단계 문명으로의 도약을 위해서는 에너지 생산·소비량이 현재보다 517배 증가해야 한다. 이는 실로 막대한 에너지 양으로, 현재 인류의 주력 에너지원인 화석연료, 재생에너지 및 핵분열 원자력 발전으로는 달성하기 어려워 보인다. I단계 문명에서는 각종 자원을 활용하는 혁신적인 기술들이 개발되고, 인류는 지구 밖으로 진출해 새로운 행성을 개척할 수 있을 것이다. II단계 문명에서는 주계열성에서 방출되는 모든 에너지를 활용할 수 있는 기술이 개발되고, 초공간 도약기술이 개발돼 모 항성계 밖으로의 문명 전파가 활성화될 것이다. 영화 '스타워즈'에 등장하는 은하제국은 이 단계의 문명을 꽃피운 사례로 볼 수 있다. III단계 문명은 은하 중심부의 블랙홀, 퀘이사, 초신성 등을 포함해 많은 항성들의 에너지를 활용할 수 있으며 은하 간 이동이 가능하고 항성이나 행성들의 제어도 어느 정도 가능한 수준이 될 것이다. 미국의 물리학자이자 미래학자인 미치오 카쿠 교수는 카르다쇼프의 III단계 문명에 더해 IV단계 이상의 문명도 제시하였다. 이 추가된 문명은 '오메가 문명'이라 불리기도 하는데 인류의 상상력을 뛰어넘는 우주 창조자급 문명으로 에너지 사용량이 10^{46} W 이상이다: $n = 0.1\log(10^{46}) - 0.6 = 4.6 - 0.6 = 4$. 그러나 전 우주에 산재한 은하, 별들을 모두 합쳐도 수확 가능한 에너지가 10^{45} W 수준으로 IV단계 문명의 기준치에 미달하기 때문에 이 가상의 문명에 대한 타당성에 회의적인 시각이 많은 것도 사실이다.

미국의 항공우주 엔지니어인 로버트 주브린 박사도 카르다쇼프와 유사한 척도를 사용해 문명을 구분하였다. 다만 그는 에너지 사용량이 아닌 문명의 활동 영역을 기준으로 삼았다. 제 I유형은 한 행성과 그 주변 지역을 유효 영역으로 삼는 문명으로, 인류 문명도 여기에 속한다고 본다. 제 II유형은 한 행성계를 중심으로 여러 행성계에 문명이 분포하는 유형이고, 제 III유형은 은하를 활동 영역으로 삼는 문명이다. 제 IV유형은 다수의 은하 또는 은하단을 포괄하는 문명이고, 제 V유형은 우주 전체를 영향권으로 하는 문명이다. 제 VI유형 이상은 다중 우주나 존재 가능한 모든 우주를 통합하는 문명으로 분류한다.

유명한 천문학자이자 베스트셀러 '코스모스'의 저자이기도 한 칼 세이건은 정보 총량을 기준으로 문명을 A~Z형으로 구분하는 새로운 방법을 제시하였다. 예를 들어, 1970년 정보량을 10^{15} bits로 추산하고 이를 H형으로 분류했고, 2022년 정보량은 6.4×10^{24} bits로 이는 R형에 해당한다고 분류했다. 더 나아가, 카르다쇼프 척도와 A~Z 척도를 묶어 좀 더 포괄적으로 문명을 구분하고자 시도하기도 했다. 이 복합 구분법에 따르면, 2022년 인류 문명은 0.73R단계에 있다고 보고, 은하 한 개를 통제하는 문명은 3Q단계로, 수천 억 개의 은하를 통제하는 문명은 3Z단계로 분류하였다.

위 구분법들의 기본 철학과는 반대로 '얼마나 작은 세계를 제어할 수 있느냐'를 기준으로 문명을 구분하는 아이디어도 제시되었다. 영국의 이론 물리학자이자 수학자인 존 데이비드 배로는 제어 가능한 미소차원 수준에 따라 문명을 마이너스 제 I유형부터 제 VI유형으로 분류하였다. 그의 구분법에 따르면, 분자를 제어하여 새로운 분자를 만들 수 있으면 마이너스 제 III유형이고, 원자 내 양성자와 중성자 수를 조절하거나 제 3의 소립자를 이용해 새로운 원자를 만들 수 있으면 마이너스 제 V유형, 쿼크와 렙톤을 조절해 새로운 소립자를 만들 수 있으면 마이너스 제 VI유형에 해당한다. 존 배로 구분법의 단계들은 인류에게 비교적 친숙하고 현재 인류가 시도하고 있는 내용들이나 미래 문명에 대한 상상력을 충분히 제공하지 못한다는 단점도 존재한다.

4. 우주와 에너지

앞 절에서 에너지를 기준으로 문명을 구분할 때 전 우주를 대상으로 했다. 이쯤에서 우주의 정체에 대해 살펴볼 필요가 있다. 우주란 무엇일까? 일상적으로 말하는 협의의 우주는 지구 밖 검은 공간을 의미한다. 국제항공연맹(Federation Aeronautique International, FAI)은 지상 100 km 지점을 우주의 경계로 정의하고, 이를 '카르만 라인'이라 칭한다. 그러나 우리는 우주가 상상하기 어려울 정도로 크다는 사실을 알고 있다. 이 넓은 우주에서 우리의 별인 지구는 먼지보다도 작은 존재이다. 오죽하면 보이저 1호가 지구에서 61억 km 지점에서 찍은 지구의 모습을 '창백한 푸른 점'으로 묘사했겠는가? NASA는 우주를 '공간과 물질, 그리고 시간 자체를 포함하는 모든 것'이라 정의하고, 브리태니커 대백과사전은 '지구와 인류가 그 일부를 이루는 물질과 에너지의 총체'로 정의한다. 관측 가능한 우주의 크기는 지구를 중심으로 반경 465억 광년(=4.40×10^{26} m)에 달하고 지름으로는 930억 광년에 해당한다. 여기서 '관측 가능하다'는 표현은 '우리가 눈으로 볼 수 있다'는 것이 아니고 '별, 가스 등 각종 물체가 내는 파동이(대표적으로, 복사파가) 지구에 도달할 수 있다'는 의미이다. 한 마디로, 우주는 우리가 알고 있는 가장 큰 존재이다.

우주는 그 엄청난 스케일에 기인해 각종 신화와 주술의 근원이 되기도 하지만, 지구 밖 세상에 대한 인류의 상상력을 자극하는 동인이 되기도 했다. 시작은 종교적 믿음, 형이상학적 철학에 가까웠다. 에우독소스, 아리스토텔레스, 프톨레마이오스와 같은 고대 그리스의 철학자들은 지구 중심적이고 정적인 우주를 주창했다. 이들은 정적이고 구형인 지구를 중심으로 천체들이 서로 다른 동심구나 동심원을 따라 돌고 있고, 우주는 변하지 않는다고 믿었다. '천동설'이라 지칭되는 이 지구 중심적 우주관은 오랫동안 세계를 지배했고, 종교계에서조차 이 우주관을 믿고 있었다. 이 우주관을 무너뜨린 사람들은 천문학자들이었다. 폴란드 천문학자인 코페르니쿠스는 16세기 초 지구가 더 이상 우주의 중심이 아니고, 태양을 중심으로 지구와 다른 행성들이 돌고 있다는 '지동설'을 주장한다. 이후, 천문기술의 발전과 망원경 발명에 힘입어 티코 브라헤, 요하네스 케플러, 갈릴레오 갈릴레이와 같은 천문학자들이 행성, 위성, 혜성의 운동을 면밀히 관찰할 수 있었고, 그 결과 지동설이 맞다는 사실이 확인된다(티코 브라헤는 천동설과 지동설의 혼합 모형 주장). 특히, 케플러는 스승인 티코 브라헤의 행성 관측 자료를 분석해 흔히 '케플러의 법칙'이라 알려진 3대 '행성 운동 법칙'을 발표하는데 이것이 천동설을 종식시킨 중요 계기가 되었다. 그리고 제 1법칙인 '타원 궤도 법칙'을 통해 행성들은 태양 주위를 원형 궤도가 아닌 타원 궤도를 따라 돈다는 사실을 밝혔는데, 그에 따라 근일점과 원일점 및 이심률(離心率, eccentricity) 개념이 도입된다(다음 그림 참조). 여기서 이심률이란 궤도가 원형 궤도를 벗어난 정도를 수치화한 것으로, 완벽한 원형 궤도는 0, 타원 궤도는 0과 1 사이의 값을 갖는다. 참고로, 태양계에서 가장 큰 이심률을 보이는 행성은 수성으로 이심률이 0.2056에 달한다. 이 때문에 수성은 근일점의 태영 복사량이 원일점의 2배에 이른다. 이런 천문학자들의 노력 덕분에 우주에 대한 논의는 과학의 영역으로 들어올 수 있었고, 천체물

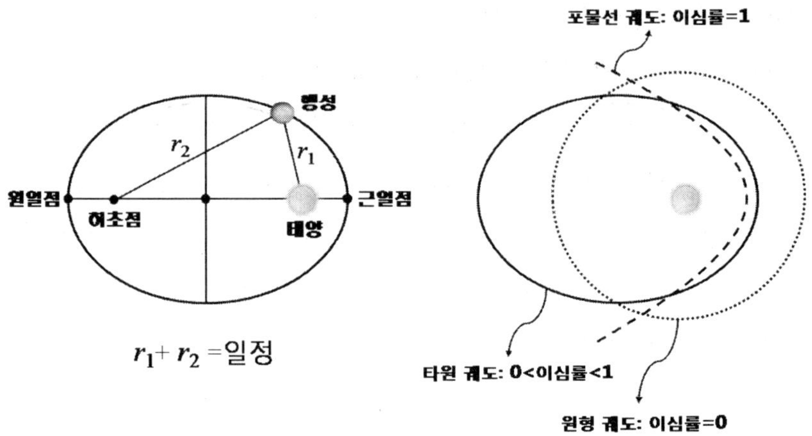

[그림] 케플러의 제1법칙과 이심률에 따른 행성 궤도

리학이라는 물리학의 한 분야로 자리 잡으며 우주에 대한 연구가 본격화되었다.

사람들은 상상할 수 없을 정도로 크면서도 정체를 알 수 없는 대상에 대한 막연한 경외심과 호기심을 갖게 마련이다. 과학자들도 마찬가지다. 다만, 호기심과 탐구심, 그리고 과학적 방법론을 동원해 구체화하려는 욕구가 좀 더 강할 뿐이다. 그래서 등장한 게 우주론이다. 우주론은 우주를 탐구하는 과학인데, 우주가 어떻게 탄생했고, 어떻게 진화하고 있으며, 미래에는 어떻게 될 것인지에 대해 연구한다. 근대 과학이 태동한 이후 가장 먼저 제안된 우주론이 '정상우주론(steady-state theory)'이다. 그 이름에서 유추 가능하듯, 이 우주론은 '우주가 시간과 공간에 관계없이 항상 변하지 않는다'라고 말한다. 좀 더 구체적으로, '우주는 전체적으로 정지되어 있고, 균질하고 등방하며, 평균 밀도가 시간과 공간에 따라 변하지 않는다'는 설명이다. 그러나 정상

우주론에서는 우주의 확장을 인정하는데, 우주가 확장할 때 우주의 균질성을 유지하기 위해 확장된 공간에 수소가 저절로 생성된다고 주장한다. 정상우주론과 유사하나 우주의 팽창을 인정하지 않는 우주론으로 '정적 우주론(static universe theory)'도 있다. 아인슈타인도 이 정적 우주론 신봉자였다. 그런데 그에게는 고민이 있었다. 우주가 아무리 균질하더라도 그 자체의 질량 때문에 우주는 수축해야 하는데, 실제로는 그렇지 않았던 것이다. 그는 우주 중력에 의한 수축력을 상쇄시킬 미는 힘이 필요했고, 중력장 방정식에 '우주상수'를 도입해 이 문제를 해결하려 했다. 아인슈타인은 나중에 우주상수 도입을 스스로 철회했으나, 우주 공간 자체의 에너지인 우주상수는 오늘날까지도 흥미로운 연구주제로 남아있다. 정상우주론과 정적 우주론은 1929년 에드윈 허블이 '허블의 법칙'을 발표해 우주가 빠르게 팽창하고 있다는 사실을 발표함으로써 빛을 잃었다.

이 무렵 등장한 것이 빅뱅(Big Bang) 우주론이다. 이 이론은 '빅뱅 특이점'이라고 하는 초고온, 초고밀도의 한 점에서 대폭발이 일어나 우주가 탄생했고, 빠르게 팽창 후 냉각하는 과정에서 아원자 입자, 원자들이 만들어 지고 이들이 중력에 의해 뭉쳐져 별, 은하가 만들어졌다고 설명한다. 1927년, 벨기에의 신부이자 물리학자인 조르주 르메트르가 주장한 이 이론에 따르면, 138억 년 전에 모든 물질과 에너지가 한 점에 모여 있다 대폭발이 일어나 우주가 형성됐다. '빅뱅'이란 용어는 정상우주론을 주장했던 물리학자 프레드 호일이 나중에 이 우주론을 반박하기 위해 한 말 중에 등장하는 어휘 'Big Bang'에서 유래됐다고 하니 재미있다. 초기에 과학계에서 저항을 많이 받았던 이 빅뱅 우주론은 여러 실험적 증거들이 관측되며 정설로 받아들여지게 되었다. 우선, 우주 적색편이(red shift) 현상의 발견이다. 위에서 언급한 것처럼 1929년 에드윈 허블이 발표했는데, 그는 "은하들의 분광선이 적색편이를 보이고 이는 우주가 팽창하고 있다는 증거이다"라고 설명한다. 별이나 은하는 그 구성 성분에 대응되는 고유의 선 스펙트럼을 보이는데, 지구에서 계측되는 실제 스펙트럼 파장이 고유 파장에 비해 길어지는 현상이 적색편이이다(아래 그림 참조). 빛이 중력장을 빠져나올 때 유발되는 파장의 변화인 '중력 적색편이(gravitational redshift)'와 구분되는 이 현상은, 빛에 대한 도플러 효과(Doppler effect)라고도 볼 수 있다. 길에 서 있을 때 구급차가 지나가는 상황을 그려보자. 구급차가 나에게 접근해 올 때는 사이렌 소리가 날카롭게 들리다가 멀어져 갈 때는 늘어지는 것처럼 느껴진다. 도플러 효과 때문이다. 여러분이 느끼는 음파의 파장은 다가올 때는 실제 사이렌 파장보다 짧고, 멀어질 때는 더 길다. 이 상황을 별 빛 또는 은하 빛에 적용해 보라. 별이나 은하가 지구에 가까워지면 관측 파장은 짧아지고, 반대로 멀어지면 더 길어질 것이다. 역으로 이 파장 변화량으로부터 천체의 이동 방향과 속도를 알아낼 수 있다. 이렇게 알아낸 정보로부터 '허블의 법칙(또는 허블-르메트르 법칙)'을 발표했는데, 이에 따르면 우주는 빠르게 팽창하고 있으며, 멀어지는 속도는 은하 간 거리에 선형적으로 비례한다. 즉, 먼 우주일수록 빠르게 팽창한다는 것이다. 허블은 그의 계측값으로부터 멀어지는 속도를 '1 Mpc (=326만 광년) 당 500 km/s'으로 발표했는데, 오늘날 정밀 계측을 통해 계산한 값인 약 70 km/s 보다는 꽤 큰 값이었다.

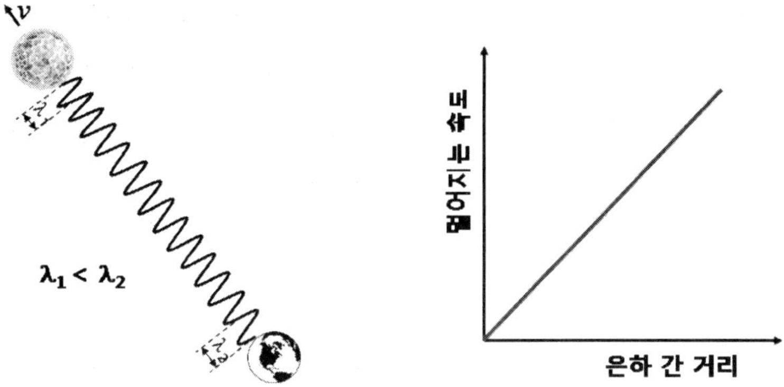

[그림] 적색편이 현상과 허블의 법칙

빅뱅 우주론을 뒷받침하는 다음 증거는 우주배경복사(Cosmic Microwave Background Radiation, CMBR)이다. 우주배경복사는 우주 전역에서 관찰되는 진동수 약 160 GHz의 전자기파 복사이다. 우주배경복사는 우주 탄생 초기 우주는 뜨겁고 균일한 플라즈마로 채워져 있었음을 암시해 준다. 초기 플라즈마에는 원자핵과 전자들이 균일하게 분포해 있었을 것이고, 초고온 상태에 기인해 안정적인 원자를 형성하지는 못했을 것이다. 그러다가 일정 시간 경과 후(우주나이 약 38만 년) 우주는 3,000 K까지 식게 되고, 드디어 전자들이 원자핵에 속박되어 원자들을 형성한다. 이 과정에서 3,000 K에 해당하는 흑체복사가 우주 전역으로 방출되었고, 우주 팽창에 따라 복사파의 파장이 길어져 약 2.7 K의 복사파가 우주 전역에 지문처럼 남게 된 것이다. 이 우주배경복사는 빅뱅 우주론의 직접 증거로 받아들여진다. 또 다른 증거로는 수소와 헬륨의 질량비가 있다. 현재 별, 가스 등 우주에 존재하는 수소와 헬륨의 질량비는 3:1인데, 이는 빅뱅 이후

식어가던 우주에서 만들어진 수소와 헬륨 원소의 비와 같다. 엔트로피의 법칙도 우주 팽창을 뒷받침한다. 계의 엔트로피는 항상 증가해야 하는데, 이를 우주에 적용하면 엔트로피 증가분이 우주의 초기 부피와 최종 부피의 비에 의해 결정된다. 이 엔트로피 증가분이 유한하기 위해서는 우주의 초기 부피가 있어야 하고, 최종 부피 또한 유한해야 한다.

이 빅뱅 우주론은 '올베르스 역설(Olbers paradox)' 문제도 극복한다. 이 역설은 19세기 초 독일의 천문학자 올베르스가 제기한 것으로 쉽게 말해 "밤하늘은 왜 어두운가?"라는 물음이다. "당연한 것 아냐?" 라는 반문을 일으키기에 충분한 이 질문은 놀랍게도 한 동안 천문학계를 당혹스럽게 했다. 그 당시 세상의 믿음은 '우주는 무한하고, 영원하며, 정적이다'라는 것이었다. 이 무한한 우주에 무한히 많은 수의 별들이 산재해 있는 상황을 상상해 보자. 지구를 둘러싼 구를 생각하면 모든 방향으로 빛을 내는 항성들이 첩첩이 쌓여 있어야 하고, 따라서 빛이 도달하는 순서는 다를지언정 모든 방향에서 빛이 입사해야 맞는 것이다. 다시 말하면, 지구에는 어두운 밤이 존재하지 말아야 하는 것이다. 이를 해결하기 위해 중간에 있는 가스나 별들이 들어오는 빛을 차단하기 때문으로 설명하기도 했다. 그러나 이게 사실이라도, 열역학적으로는 그렇게 흡수된 빛은 대상체의 온도를 높이게 되고 다시 빛의 형태로 복사파를 방출해야 하기 때문에 타당하지 않다. 빅뱅 우주론은 우주의 크기는 유한하며 그 안에는 유한한 수의 항성이 존재하고, 따라서 지구에 들어오는 빛도 유한하다고 말한다. 더욱이 먼 우주에서 들어오는 빛은 극심한 적색편이로 가시광선 대역에서 벗어나기 쉽고, 더 먼 우주는 초광속으로 팽창하게 될 것이기 때문에 그 빛이 지구에 도달하지 못할 것이다. 밤하늘은 어두울 수밖에 없다. 빅뱅 우주론이 정설로 받아들여지고 있지만 대폭발이 일어난 원인, 대폭발 이전의 상태 등 아직 설명할 수 없는 것들이 많아 여러 보완 가설들도 제안되었다. 인플레이션 우주론, 등각순환우주론 등이 그것이다.

우주는 어떻게 구성되어 있을까? 관측 가능한 우주 전체의 밀도는 9.9×10^{-27} kg/m^3으로 극히 낮다. 1 m^3 당 6개의 양성자에 해당하는 사실상 진공상태이다. 별, 은하, 가스 등 밀집된 물질계를 제외한 공간은 완벽한 진공상태로 봐도 된다. 그런데 이 진공상태에는 정말 아무것도 없는 것일까? 우주를 구성하는 질량-에너지를 분석해 보면 암흑 에너지가 차지하는 비율이 69%로 가장 높고, 그 다음이 암흑 물질로 약 26%를 차지하고, 양성자, 중성자와 같은 일반 물질이 차지하는 비율은 약 5% 에 지나지 않는다. 별 빛과 같은 전자기 복사는 전체 질량-에너지의 0.01%에도 채 미치지 못하는 것으로 알려져 있다. 일반 물질은 인류에게 친숙한 원자로 이루어진 물질로 보면 된다. 물론, 독립적인 양성자, 중성자, 또는 이들의 응집체들도 많이 존재하지만 말이다. 재미있는 예가 중성자별인데, 이는 초신성 폭발 후 별의 핵이 중력붕괴를 일으켜 원자를 구성하는 양성자와 전자가 결합해 중성자로 변하며 만들어지는 초고밀도 별이다. 우주에 가장 많이 분포하는 원소는 수소와 헬륨이다. 우리는 원자가 원자핵과 전자로 이루어져 있고, 원자핵은 다시 양성자와 중성자로 구성돼 있다는 사실을 알고 있다. 유일한 예외는 수소 원자핵이다. 왜냐하면 수소의 원자핵은 양성자 하나만으로 구성돼 있기 때문이다. 20세기 후반, 양성자와 중성자 같은 핵자는 물질 구성의 최소 단위가 아니라 더 작은 단위인 '쿼크(quark)'라는 소립자로 이루어져 있음을 알게 된다. 양성자는 업쿼크(up quark) 2개와 다운쿼크(down quark) 1개로 구성되고, 중성자는 업쿼크 1개와 다운쿼크 2개로 구성되며, 쿼크들은 '글루온(gluon)'이라는 매개 입자에 의해 강하게 상호작용 한다. 우리가 알고 있는 세계관은 이 원자에 기반하고 있으며, 인류의 지식 또한 이 원자로 이루어진 세계에 국한돼 있다.

그렇다면 암흑 물질은 무엇인가? '암흑 물질(dark matter)'은 우주 물질의 약 84%를 차지하는 물질로, 천체물리학적으로 그 존재가 인정되지만 볼 수 없는 물질이다. 여기서 '볼 수 없다'는 의미는 육안으로 볼 수 없다는 수준을 넘어 중력 이외의 다른 방법으로는 그 존재를 확인할 수 없다는 것을 의미한다. 암흑 물질은 전자기장과 상호작용하지 않아, 전자기파를 방출하지도 흡수하거나 반사하지도 않는다. 1922년 네덜란드 천문학자 야코뷔스 캅테인(Jacobus Kapteyn)에 의해 처음 제안된 암흑 물질은 그 후 여러 천체물리학자들에 의해 존재의 증거가 여럿 제시되었다. 1960~70년대에는 미국의 베라 루빈(Vera Rubin) 박사팀이 나선 은하 속 별들의 회전 속도를 측정하여 보다 강력한 존재 증거를 제시하였다. 거대한 항성이나 은하 핵 주위를 도는 별들의 회전 속도는 중심으로부터 멀어질수록 빠르게 감소해야 한다($v \propto \sqrt{M/r}$, M: 질량, r: 거리). 그러나 그들은 멀리 떨어진 별들의 회전 속도가 예측 값보다 훨씬 빠르며, 거리에 따른 속도 감소도 완만하다는 사실을 보였다. 이 결과들은 미지의 물질이 은하 전체에 걸쳐 비교적 고르게 분포하기 때문에 나타난 것인데, 대부분의 은하에서 암흑 물질은 은하 겉보기 질량의 6배에 달한다고 계산하였다. 중력렌즈(gravitational lens) 효과도 암흑 물질의 존재를 반증해 준다. '중력렌즈' 현상이란 먼 우주의 밝은 별이나 은하에서 지구를 향해 날아오던 빛이 중간에 낀 무거운 천체의 중력장에 의해 그 경로가 휘어지는 현상이다. 이때 빛이 휘어지는 정도로부터 중간 천체의 질량을 추정할 수 있는데, 중간에 은하가 낀 경우 중력렌즈 산출 질량이 은하의 실제 질량보다 수십 배 이상 크게 나온다. 이 역시 암흑 물질이 다량 존재하기 때문이다. 암흑 물질의 후보로 윔프(WIMP, Weakly Interacting Massive Particles)가 대두되고 있지만, 인류는 그 정체를 아직 알지 못한다.

'암흑 에너지(dark energy)'는 그 정체를 알 수는 없지만 우주의 가속 팽창을 설명하기 위해 실재하는 것으로 추정되는 에너지이다(아래 그림 참조). 앞서 얘기했듯이 우주는 팽창하고 있다. 그런데 그 팽창 속도를 분석해 보니 고전적인 예측과는 다르게 점점 빨라지고 있다. 이 우주의 팽창 속도를 가속시키는 미지의 에너지가 암흑 에너지인데, 학자들은 그 존재를 의심하지 않는다. 이 암흑 에너지는 아인슈타인이 도입했던 우주상수와 동일한 개념으로 볼 수 있는데, 우주상수는 은하들 간 중력으로 인한 우주 붕괴를 막기 위해 도입한 이론적 상수였던 반면 암흑 에너지는 실제로 관측된 가속 팽창을 설명하기 위해 도입된 에너지라는 점 정도의 차이가 있다. 우주의 전체 질량-에너지에서 차지하는 비율(69%)이 가장 높은 이 암흑 에너지는 공간이 팽창하면 밀도가 줄어드는 일반 물질과는 달리 우주 팽창에 따라 그

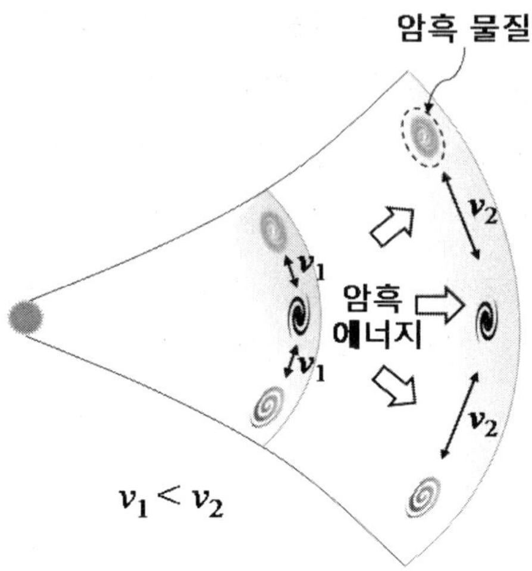

[그림] 우주 가속 팽창과 암흑 물질, 암흑 에너지

밀도가 줄어들지 않는 것으로 알려져 있어, 그 구성 비율은 계속 증가할 것으로 예측된다. 정리해 보면, 우주를 구성하고 있는 물질, 에너지 중 인류가 이해할 수 있는 수준은 약 5% 정도이다. 광대한 우주의 95%는 인류 지식수준 너머에 있다. 텅 비어 있는 것으로 보이는 차갑고 깜깜한 공간, 그 공간은 실제로는 무언가로 채워져 있는 것이다. 우리는 그 정체를 모를 뿐이다. 고등 생명체라 자칭하는 인류를 한없이 겸손하게 한다. 인류 문명의 여정은 멀고도 멀어 보인다.

5. 인류 문명은 어디쯤?

위에서 기술한 문명의 척도는 인간의 상상력에 기반해 존재할 수 있는 문명을 구분한 것이다. 카르다쇼프 척도의 문명 단계 구분에서 볼 수 있듯이 대부분의 문명은 인류 문명에 비해 훨씬 상위 문명으로 분류되기에 그 수준이 실감되지 않는 것도 사실이다. 그렇다면 현 인류 문명은 어디쯤 위치하고 있을까? 문명의 권역으로 보면 인류 문명은 지구에 국한돼 있다. 지구 밖 유인 탐사의 첫 대상은 지구의 위성인 달이었다. 1969년 아폴로 11호가 최초로 달 유인 착륙에 성공했고, 2년 후인 1971년에는 유인 월면차로 달 표면을 주행하기도 했다. 지구와 가장 가까운 행성인 화성에는 1976년 바이킹 호가 최초로 착륙해 표면 탐사를 했고, 1997년에는 마스 패스파인더가 착륙해 '소저너'라는 로버를 이용 화성의 대기, 토양, 암석을 분석했다. 모두 무인 탐사였다. 그 후 2017년, 미국의 NASA 주도로 세계 각국의 우주기구와 민간 우주기업이 참여하는 '아르테미스 계획(Artemis Program)'이 시작되었다. 프로그램명인 아르테미스가 그리스 신화의 달의 여신을 의미한다는 점에서 알 수 있듯, 달에 대한 유인 탐사와 달 우주 기지 건설을 목표로 하는 거대 프로젝트이다. 2022년 아르테미스 1호가 발사됐고, 2025년부터 2호~5호를 연달아 발사하며 달 테라포밍(terraforming) 가능성을 점검할 계획이다. NASA는 2040년까지 우주비행사는 물론 민간인도 달에 거주할 수 있는 환경을 건설한다는 계획이고, 그 후 달 기지를 발판 삼아 본격적인 화성 유인 탐사를 하는 '문투마스(Moon to Mars)' 계획을 시행하는 목표를 수립했다. 이런 거대하고 단계적인 프로그램에도 불구하고 인류 문명이 인접 위성이나 행성에 전파될 시점을 예상하기는 어렵다. 기술적, 재정적, 행정적 난제들로 프로그램들의 성공 여부를 장담하기 어려우며, 성공한다 해도 의미 있는 인류 문명 이동을 촉발하기에는 턱없이 부족해 보이기 때문이다.

앞에서 기술했던 카르다쇼프 척도를 이용해 인류 문명의 주요 발자취를 짚어보자. 인류 문명의 시작 시점을 원시 부족이 마을을 이뤄 공동체 생활을 하던 시점으로 잡았을 때, 이 원시문명의 수준은 어느 정도일까? 원시 부족들은 목재를 모아 모닥불을 피워서 추위도 떨치고 음식도 익혔을 것이다. 모닥불 당 에너지 연소율을 10 kW로 추산하고, 100개의 원시 부족이 있었다고 가정하면 총 에너지 소비량은 1 MW (=10^6 W)가 되므로 문명 수준은 '0'이 된다: $n = 0.1\log(10^6) - 0.6 = 0.6 - 0.6 = 0$. 로마 제국의 에너지 사용량은 100 GW (=10^{11} W) 정도로 추정되므로 이 시대 문명의 수준은 '0.5'에 해당한다: $n = 0.1\log(10^{11}) - 0.6 = 1.1 - 0.6 = 0.5$. 산업혁명기에는 에너지 사용량이 700 GW 수준에 도달한 것으로 판단되며, 따라서 이 시기 문명은 '0.585' 수준으로 볼 수 있다: $n = 0.1\log(7 \times 10^{11}) - 0.6 = 1.185 - 0.6 = 0.585$. 그리고 2022년 인류의 총 에너지 사용량은 19.36 TW (=19.36×10^{12} W)이므로 현 인류의 문명 수준은 '0.729'로 계산된다: $n = 0.1\log(19.36 \times 10^{12}) - 0.6 = 1.329 - 0.6 = 0.729$. 앞서 얘기했듯, 여전히 I단계 문명에 이르지 못한다.

원시 부족 문명기를 기원 전 10,000년 전후로 보고, 로마제국의 번성기를 서기 200년으로 잡으면 초기 인류 문명 수준을 0.5단계 높이는데 대략 10,000년이 걸렸다고 볼 수 있다. 산업혁명 전성기를 1800년으로 보면, 로마시대 이후 1600년간 인류 문명 수준은 0.085 정도 증진됐으며, 그 후 200년간 인류 문명은 다시 0.144 만큼 증가한 것으로 해석된다(아래 그림 참조). 인류 문명 수준의 증가 속도는 근래

들어 급속도로 빨라진 게 분명하다. 그러나 추세선에 근거하면 I단계 문명 수준으로 도약하기 위해서는 앞으로도 최소 1000년 이상이 더 필요한 것으로 분석된다. 이 기간, 인류의 에너지 사용량이 현 수준 대비 517배 증가해야 I단계 문명으로 도약할 수 있다. 앞서 언급했듯이 현재 인류의 주 에너지원인 화석연료, 재생에너지, 핵분열 발전만으로 도달하기에는 한계가 있어 보인다.

화석연료는 매장량 고갈 문제와 함께 다양한 '온실가스 배출'이라는 심각한 문제로 사용량을 줄여가는 추세다. 대표적인 재생에너지 수확 기술인 태양전지는 막대한 태양광 에너지를 전기에너지로 변환하는 기술로, 청정하며 유지비용이 저렴하고 태양이 존재하는 한 지속적인 발전이 가능하다. 지구 대기권에 도달하는 태양 복사에너지는 무려 174 PW에 달하며, 그 중 약 30%가 우주로 반사되고 나머지가 지표로 입사하는 것으로 알려져 있다. 그러나 태양광의 넓은 파장 스펙트럼 대역과 재료 및 전지 구조의 한계로 상용 실리콘 기반 태양전지의 에너지 변환 효율은 15~20% 수준에 머물러 있다. 10개의 광자가 입사했을 때 만들어지는 전자-정공 쌍이 채 2개도 안 된다는 얘기다. 더구나 지표의 70.8%를 차지하는 바다나 험준한 산악 지역에 태양광 패널을 설치하기도 어렵다. 탠덤 태양전지를 사용하거나 대기권 밖에서 태양광을 전기에너지로 변환해 지구로 무선 전송하는 기술도 제안되었으나 상용화 가능성은 미지수다. 핵분열을 이용한 원자력 발전은 발전 효율은 좋으나 고준위 방사성 폐기물 발생 문제를 피할 수 없어 발전량을 늘려가는 데 제한이 많다. 그렇다면 I단계 문명으로의 도약은 실현될 수 없는 것일까?

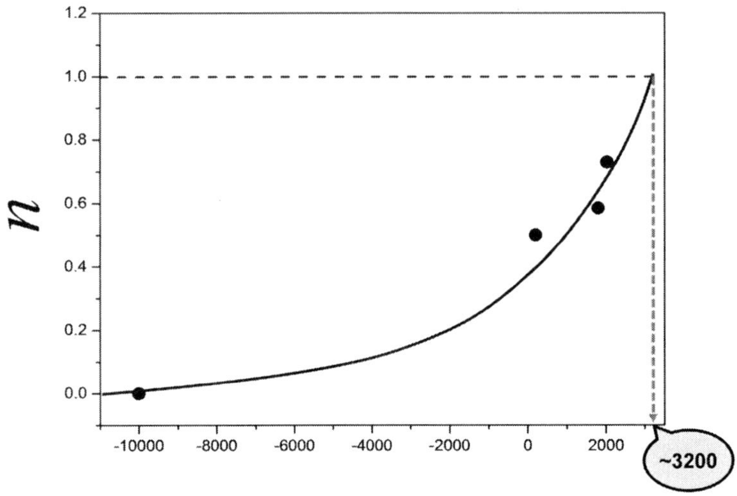

[그림] 인류 문명 발전 과정 및 추세선

6. 핵융합 발전

위에서 언급된 발전 기술 외에 미래 에너지 생산기술로 주목받는 것이 핵융합 발전이다. 핵융합은 태양과 같은 대부분의 항성에서 에너지를 생산하는 방식이기 때문에 '인공태양' 기술로도 알려져 있다. 태양전지가 태양광 에너지를 수동적으로 수득하는 기술이라면 핵융합 발전은 작은 규모의 태양 모사체를 만들어 고효율로 에너지를 생산하는 기술이라 할 수 있다. 에너지의 원천 측면에서는 원자의 핵력을 이용한다는 면에서 원자력 발전으로 분류할 수 있을 것이다. 그러나 4장에서 기술했던 핵분열 원자력발전과는 대별된다. 핵분열에서는 ^{235}U와 같은 방사성 원소를 가속시킨 중성자로 때려 원자핵을 분열시킴으로써 새로운 생성물을 만드는 과정에서 미소한 질량 결손이 발생하고, 이 소실된 질량이 에너지로 전환된다. 반면, 핵융합에서는 서로 다른 두 개의 핵이 초고온에서 융합해 새로운 핵과 중성자가 만들어지는데, 이 과정에서 나타나는 질량 결손을 에너지로 전환하는 것이다. 원자에서 전자를 제거한 핵은 양전하 상태이기 때문에 강한 전기적 척력이 작용해 정상 상태에서는 융합할 수 없다. 그러나 초고온에서는 매우 큰 열에너지에 기인해 척력에 의한 에너지 장벽을 극복함으로써 핵융합이 가능한데, 이때 특정 핵자의 결합에너지 강화에 따른 질량 결손이 유발되고 손실된 질량이 에너지로 방출되는 것이다. 핵융합 과정에는 중성의 원자 및 중성자, 양전하인 원자핵, 음전하인 전자가 모두 관여하기 때문에 플라즈마 상태로 진행된다. 이 때문에 태양과 같은 대부분의 항성은 고온 플라즈마 상태로 존재한다.

핵융합 발전에 사용하는 대표적인 원소는 중수소(deuterium)와 삼중수소(tritium)이다. 수소에는 원자핵의 조성에 따라 세 가지 동위원소가 존재하는데, 통상 '수소'로 칭하는 동위원소는 원자핵이 양성자 하나로 구성되는 반면 중수소는 양성자 하나와 중성자 하나로, 삼중수소는 양성자 하나와 중성자 두 개로 구성된다. 자연계에 존재하는 동위원소 중 99.98%는 수소이며, 나머지 중 중수소가 0.016%를 차지하고 삼중수소는 더 미량 존재한다. 이 미량의 천연 중수소와 삼중수소로는 핵융합 발전을 할 수 없기 때문에 천연 자원을 처리해 요구되는 양을 얻는다. 일반적으로 중수소는 바닷물을 전기분해해 얻고, 삼중수소는 리튬과 중성자를 반응시켜 얻는다. 다행히 바닷물은 아주 풍부하며 리튬 매장량 또한 풍부한 편이어 자원의 수급 측면에서는 문제가 없다.

아래 그림 및 반응식과 같이, 중수소(D)와 삼중수소(T)를 반응시키면 하나의 헬륨 원자(He)와 하나의 자유 중성자(n)를 만들어 낸다. 이 과정에서 17.6 MeV의 에너지가 방출되는데, 수소의 이온화 에너지인 13.6 eV의 백만 배가 넘는 엄청난 에너지이고, 중수소-삼중수소 사이의 에너지 장벽인 0.1 MeV에 비해서도 약 180배에 달해, 일단 핵융합 반응이 유도되면 자발적으로 연쇄반응이 일어나기에 충분하다.

$$D + T \rightarrow He + n + 17.6\ MeV$$

문제는 이 연쇄적인 핵융합 반응을 위해서는 1억도 이상의 초고온이 필요하다는 점이다. 핵융합 반응이 활발히 일어나는 태양 중심부의 온도는 1,500만도 정도인데, 지구 질량은 태양의 33만분의 1에 불과해 중력이 상대적으로 약하므로 필요 온도가 상승한다. 이 고온에 견디는 재료는 존재하지 않기 때문에 특별한 핵융합로가 필요하고, 실용화에

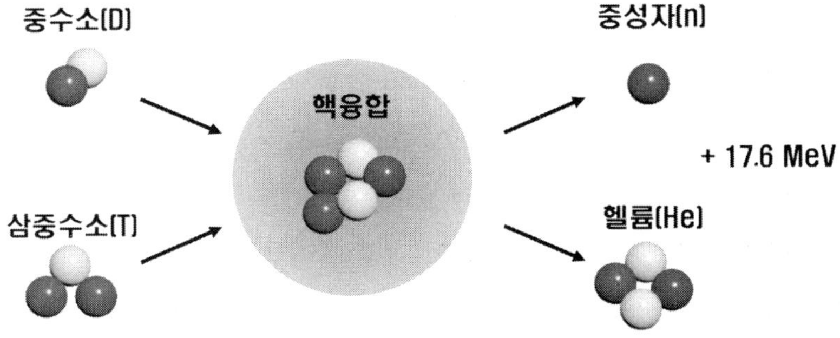

[그림] 핵융합 반응 모식도

가장 근접한 방식인 토카막(Tokamak) 방식을 많이 이용한다. 토카막은 D자 모양의 초전도 전자석을 이용해 강한 자기장을 만들어 그 자기장 내에 초고온 플라즈마를 가두는 방식이다.

우리나라에서도 세계 최고 수준의 핵융합 연구장치인 'KSTAR'를 개발해 2008년 플라즈마 발생에 성공한 후, 2024년에는 1억도의 온도를 48초간 유지하는데 성공했다. 그리고 한국핵융합에너지연구원은 2026년까지 1억도 플라즈마 유지 시간을 300초로 늘리는 목표를 세웠다. 실효적인 핵융합 발전을 위해서는 이 초고온 플라즈마 유지 시간을 획기적으로 늘려야 한다. 그러나 토카막 방식이라 할지라도 플라즈마의 초 고열은 핵융합로 내벽으로 복사 전달되어 빠른 온도 상승을 유발하므로 취약부의 내열 특성을 강화하는 소재 기술 및 열 차폐 기술 개발이 필수적이다. 참고로, 금속 중 녹는점이 가장 높은 물질인 텡스텐(W)의 녹는점은 3,422 ℃에 불과하다. 이런 핵심 기술들의 개발 없이는 초고온 플라즈마는 단속적일 수밖에 없고, 핵융합 발전의 실현도 멀어질 것이다. 토카막의 대안으로 미국의 한 연구그룹은 고출력 레이저를 집속해 초고온을 유도함으로써 핵융합 반응을 일으키는데 성공했다고 보고했다. 그러나 고출력 레이저를 발생시키기 위해 소모한 에너지 대비 수득한 핵융합 에너지의 비율은 사실상 미미해 의미 있는 성공이라고 보기 어렵다. 핵융합 발전에서는 수소 1 kg으로 1,500억 kcal의 에너지 생산이 가능해 발전 효율이 핵분열 발전에 비해서도 7배 이상에 달할 정도로 압도적이다. 거기에 방사성 폐기물과 온실가스 배출이 없고 폭발 위험이 없다는 점에서 미래의 발전 기술임에 분명하나 아직 갈 길이 멀고 험난하다.

7. 인류 앞의 도전 과제들

현생 인류의 출현 이래 인류가 걸어 온 여정은 도전과 응전의 연속이었다. 그 과정에서 군집촌, 도시 및 국가를 형성하고 사회 구조를 발달시켰으며, 각종 생활도구, 생산도구, 군사도구를 개발해 생산성을 높이고 군사력을 강화해 왔다. 언어와 문자의 개발은 사회 구성원들의 소통을 활성화하여 공동체 의식을 강화하고 지식과 정보를 공유, 계승하는 역할을 하였다. 문명이 발달할수록 생산성은 지속적으로 발전했고 세계 인구도 늘어났으며 사회 구조는 점차 고도화됐다. 디지털 정보문명의 도래는 노동 집약적인 생산방식을 정보 집약적 생산방식으로 전환했고, 생산의 효율성을 증진했으며, 사회 구성원 간 연결을 활성화해 정보의 빠른 공유, 생산, 이용을 가능하게 하였다. 21세기에 꽃을 피우고 있는 AI 기술은 인류가 축적해 온 정보를 기반으로 합리적 추론을 통해 가장 이상적인 솔루션을 제시하며, 보다 효율적이고 편리한 세상을 구현하고자 하는 인간의 욕구를 충족하는 기본 기제로 자리매김 하고 있다. 이와 함께 인류 문명이 고도화 되고 세계 인구가 증가할수록 전 지구적 에너지 및 전력 소비량도 지속 증가해 왔다.

위에서 약술한 인류의 여정에서 여러 문제점 및 도전 과제들도 자연스레 드러났다. 첫 번째로, 문명의 진보와 기술 개발의 가속화에 따라 국가 간 생산성 및 생활수준 격차가 벌어지고 있다. 선진국들은 기술, 자본, 고급 인력들을 흡수해 지속적인 기술 개발과 생산성 향상을 도모하고 그 결과 경제적 풍요를 누릴 수 있는 반면, 저개발 국가들은 그 반대의 상황에 직면해 가난을 벗어나기 어렵다. 더욱이 최근 불고 있는 보호주의, 자국 우선주의는 전 지구적 기술 교류를 약화하고 무역 장벽을 높여 상황을 더 어렵게 만들고 있다. 이런 국가 간 격차는 세계 시민의식을 약화해 잠재적 불안요인이 될 수 있고 난민, 불법 이민과 같은 문제를 야기하기도 한다.

두 번째로, 문명 진보의 핵심 요소인 정보와 에너지의 국가 간 불균형 및 지속적인 생산성 증진 담보 문제이다. 정보 및 에너지 생산성의 국가 간 불균형은 앞서 언급한 기술과 경제 생산성 격차와 유사하게 선진국과 후진국 간에 분명하게 나타나고 있다. 중국, 인도와 같은 인구 최상위 국가 몇 개를 제외하면 선진국들의 정보와 에너지 생산·소비량은 저개발 국가들을 압도하며 국가 발전의 원동력으로 작용하고 있다. 이 또한 잠재적 불안 요인이 될 수 있다. 또 다른 문제는 정보와 에너지 생산 선도국가에서조차 요구 수요에 부응하는 시설을 갖추는 데 어려움을 겪고 있다는 점이다.

세 번째로, 지속 증가하고 있는 정보량과 에너지 사용량은 데이터센터, 반도체 칩 생산시설, 발전소 및 에너지 전환시설의 추가 건설을 요청하는데 이런 시설들은 운영 과정에서 다량의 온실가스를 발생시킨다. 이 뿐만 아니라, 에너지를 사용하는 거의 모든 산업 및 공공, 민간 설비에서도 다량의 온실가스를 배출하고 있다. 그 반면, 산업화의 영향으로 천연 탄소 수용체로 기능하는 산림 면적은 점차 감소하고 있다. 누증하는 온실가스의 영향으로 지구 평균기온, 평균 해수면 상승과 급격한 기상 이변을 경험하고 있는 상황에서 온실가스 감축은 전 지구적 당면 과제가 돼버렸다.

네 번째로, 온실 가스 문제를 넘어 전 지구적 폐기물 처리 문제도 난제이다. 플라스틱 폐기물, 독성 화학물질 폐기물, 중금속 폐기물, 방사성 폐기물 등 다양한 폐기물들은 단순한 수질, 토양 오염을 넘어 육지, 바다 생태계를 위협하고 있다. 일례로, 수계에 농축되는 미세 플라스틱은 생태계의 먹이사슬을 따라 연쇄적으로 전이되며 많은 문제를 일으킨다고 알려져 있다.

다섯 번째로, 세계적으로 국지적 분쟁은 꾸준히 발발하고 있으며, 난민 수는 증가 추세에 있다. 우크라이나 전쟁은 개전 3년이 다가오고 있고, 이스라엘-하마스 전쟁은 이미 1년을 넘겼다. 국가 간 분쟁뿐 아니라 불안정한 체제에 있는 다수의 국가에서 발생하는 내전도 국제 사회의 불안 요인이다. 전쟁과 내전으로 인한 난민 수는 최근 들어 증가 추세에 있으며, 2022년 5월 기준 1억 명을 돌파했다. 난민 발생 상위 국가들로는 시리아, 베네수엘라, 아프가니스탄, 남수단, 미얀마가 있는데 모두 저개발국이다. 주요 난민 수용 국가들 역시 튀르키예, 콜롬비아, 우간다, 파키스탄처럼 개발도상국 또는 저개발국이다. 국지적 분쟁은 세계 평화의 위협 요소이고, 문명 진화의 불안 요인이 되기에 세계 공동체적 관심과 상황 개선 노력이 요청된다.

06

미래를 위한 준비

1. 새로운 세대의 육성

우리나라는 세계 최하위의 출산율과 급격한 고령화로 인구 및 생산가능인구가 꾸준히 줄고 있는 국면에 진입했다. 경제의 역동성이 떨어진지 오래라는 얘기를 듣는다. 그런 와중에 전 세계적 기술 경쟁, 경제전쟁은 날로 격화되고 있다. 각국의 보호무역주의, 자국 우선주의 경향성도 강화되고 있어 미래의 여정은 더욱 험난해 보인다. 우리나라를 지탱해 온 주요 산업 분야의 경쟁력이 떨어지고 있다는 우려는 꽤 오래 전부터 제기돼 왔다. 반도체 산업의 경쟁력이 그렇고, 철강 산업, 석유화학 산업의 경쟁력이 그렇다. 그나마 최근 선방해 온 자동차 산업도 2024년 말부터 성장세가 꺾이고 있고, 이차전지 분야의 성장성 및 경쟁력도 확실치 않아 보인다. 현재, 전 세계적 기술 전쟁의 중심에 있는 AI와 반도체 분야에서 우리의 기술 경쟁력이 열세라는 것은 대체로 인정하는 바이다. 우리나라의 70~90년대 중화학, 철강, 자동차, 반도체 산업을 일군 세대는 이미 은퇴했거나 은퇴를 목전에

두고 있다. 가난을 경험했기에 치열하게 일했고, 그 덕에 우리나라가 선진국의 문턱에 진입할 수 있었다는 점에서 경의를 표한다. 이제 현재와 미래를 책임질 중추는 20~30대의 신세대이다.

신세대는 저출산 시대에 태어나 비교적 풍요롭고 안정된 사회에서 성장한 세대이다. 그래서 절실함이 부족하고 개인주의 성향이 강하다는 냉정한 평가를 받기도 한다. 그러나 다른 측면에서 신세대가 갖는 강점도 분명하다. 디지털 친화적이기에 정보문명 사회에 적합하고 사고가 비교적 자유롭기에 창의적 발상이 가능하다. 또한, 본인이 좋아하는 것에 대한 열정은 기성세대에 결코 뒤지지 않음을 많이 보아왔다. 이 강점들이 잘 발현될 수 있도록 육성해야 한다. 과거에 비해 좋은 환경에서 양질의 교육을 받은 인력들이기에 개개인이 가진 잠재력을 파악해 이를 적소에서 발휘할 수 있게끔 진로를 지도해야 한다.

이 과정에서 대학의 역할이 중요하다. 신세대가 기술변화 추이를 제대로 파악하고 미래의 모습을 상상할 수 있도록 돕는 안내자, 기술변화 추종을 넘어 기술 혁신자로 성장할 수 있도록 준비시키는 실무교육자, 개인별 잠재력을 파악하고 열정을 일깨우는 진로도우미 역할을 충실히 이행해야 한다. 더 나아가 지나친 개인화의 문제점을 개선하고 역량 있는 개개인에 의해 창출된 분산 성과들을 통합해 한 방향으로 이끌 수 있는 리더십 교육도 필요하다. 대학을 넘어 가정과 사회의 관심과 의지도 필요하다. 필자는 많은 대학생들과 상담을 통해 몇 가지 우려스러운 점을 느낀 적이 있다. 예를 들면, 일부의 학생들은 직업, 진로보다는 빠른 경제적 성취에 관심이 많아 부동산, 가상화폐, 주식 투자를 공부하는 데 열중한다. 직업을 통해 버는 근로소득으로는 서울, 수도권에 집을 사는 게 현실적으로 어렵고, 집값 폭등, 비트코인 폭등 등 뉴스를 접하며 더 쉽게 돈 버는 방법에 대해 고민했기 때문일 것이다. 사회와 기성세대가 만든 부정적 단면의 그림자라는 점을 생각하니 씁쓸한데, 문제는 이런 무의식이 신세대를 지배하면 우리의 미래는 암울할 수밖에 없다는 점이다. 제한된 인적, 물적 자원들이 기술을 키우고 경제를 부강하게 하는 영역에 집중되어야 하는데, 그 반대의 영역으로 흐르는 것은 결코 바람직하지 않다. 지금이라도 바로잡아야 한다.

신세대를 육성할 때 효율적인 방법은 '동기유발'과 '의미부여'다. 물론, 이것들은 모든 사람들한테 통할 수 있으나 신세대에게는 더욱 그러하다. 각자가 지닌 역량과 그 사회적 기여가 얼마나 중요한지, 그 결과로 어떤 보상을 받을 수 있는지를 알려주는 것이다. 이를 통해, 의미 없는 직무는 없으며 개개인이 사회적으로 중요한 역할을 수행하고, 그 역할이 빛을 발할 때 개인, 사회 모두 풍요로워질 수 있음을 느끼게 해야 한다. 장기적인 안목과 국제 감각도 키워줄 필요가 있다. 학생들을 지도하며 희망 진로가 시류에 휩쓸려 수시로 바뀌는 사례를 다수 경험했다. 공무원이 인기일 때는 공무원만 바라보다가, 플랫폼 비즈니스가 흥할 때는 취업 목표가 상위 플랫폼 기업들로 좁혀지고, 반도체가 화두가 되면 삼성전자와 SK하이닉스로 바뀌었다가, AI가 뜨니 컴퓨터공학이나 인공지능학과에 학생들이 몰리는 일이 벌어진다. 불과 7, 8년 사이에 벌어진 일이니 얼마나 역동적인가? 지금 당장은 조명 받지 못해도 꼭 필요한 기술이란 인식이 있고 장기적으로 수요가 견실하다면 묵묵히 그 블루오션을 개척하는 지혜가 필요하다. 시류보다 개개인의 적성과 역량이 더 중요하다. 또, 신세대가 활동할 무대는 한국이라는 좁은 무대가 아닌 세계 무대이다. 우리의 경쟁, 협업 상대는 세계 기업들이기 때문에 그들이 사고하고 일하는 방식을 체감할 필요가 있다. 다행히, 신세대들은 해외 여행이나 해외 체류 경험이 많아 국제 감각을 익히는 데 큰 어려움은 없을 것으로 판단된다.

2. 직면한 도전에 대한 응전, 그리고 미래 준비

세계는 빠르게 변화하고 있다. 세계 곳곳에서 생산되는 다량의 정보는 실시간으로 전 세계에 공유되고, 그 정보들에 기반해 새로운 비즈니스가 활성화되기도 하고 기존 산업이 쇠퇴하기도 한다. 인공지능은 인류의 삶에 점점 더 깊숙이 개입하고 있고, 때로는 합리적 추론 기능을 바탕으로 인간의 일자리를 잠식하기도 한다. 법률, 의료 진단, 데이터 분석 등 빅 데이터를 분석해 결론을 도출하는 과정은 인공지능이 빠르고 정확하다는 인식이 확산하며 인간 고유영역에 대한 의구심도 증폭되고 있다. 그러나 불안하다고 변화에 저항하는 건 현명하지 못하다. 인공지능도 특정 알고리즘에 기반한 일종의 컴퓨터 프로그램이고 그 운영 주체는 인간이다. 인공지능 운영 과정에서 생산·소통되는 막대한 정보들은 인류 문명의 진보를 촉진하는 촉매가 되고, 개인 삶의 편의성과 집단 업무의 효율성을 증진할 것이다. 당면한 도전이 불러오는 피로, 불안감, 어려움을 극복하면 새로운 기회의 장이 열린다는 사실은 역사가 증명하고 있다. 사회 각 영역에서 인공지능 수용성을 높이고, 전문 인력을 지속적으로 양성할 필요가 있다. 인간은 인공지능과 차별화해 인류의 미래상을 상상하며 그 실현을 위한 도구로 인공지능을 적극 활용할 수 있을 것이다. 물론 그 과정에서 예상되는 고용 축소와 인적 자원의 재교육, 재구조화 문제 해결을 위해 지속적인 관심이 필요하다.

여기서 간과하지 말아야 할 것은 하드웨어의 중요성이다. 소프트웨어 영역인 인공지능이 제 기능을 발휘하기 위해서는 하드웨어인 고성능 반도체 칩들이 필수적이다. 2024년 미국 주식시장을 휩쓴 엔비디아가 반도체 칩들을 집적해 AI 가속기를 만드는 대표적인 하드웨어 업체이다. 때문에 AI와 반도체는 불가분의 관계에 있으며, AI에 의해 촉발된 새로운 기회는 반도체 시장에도 큰 파장을 불러일으키고 있다. 미국은 반도체 산업을 일으킨 선구자로 많은 원천기술을 보유하고 있음에도 1990년대 이후 팹리스 비즈니스에 집중해 왔다. 반도체 산업의 소프트웨어 영역이라 할 수 있는 칩 설계에 집중했던 것이다. 그러다 2020년 전후, 미중 무역 분쟁이 격화하며 반도체 공급망 이슈가 전 세계적 화두로 떠올랐고, 전략적으로 반도체 생산 시설을 미국 내에 유치하려는 노력을 경주하고 있다. 하드웨어의 중요성, 그 하드웨어를 직접 만들 수 있는 능력의 중요성을 절감했기 때문이다. 하드웨어 없이는 어떤 소프트웨어도 돌아가지 않는다. 이 반도체 영역이야말로 우리 산업의 중추로 전체 수출에서 차지하는 비중이 20%에 이른다. 그런데 최근 우리나라의 반도체 경쟁력이 약화되고 있다. 시스템 반도체 설계 능력은 답보상태에 있고 파운드리 점유율은 퇴보하고 있다. 오랫동안 세계 최강의 지위를 누렸던 메모리 분야에서도 혁신적인 기술이 나오지 못하고 있고, 그 결과 최강자 지위도 서서히 위협받고 있다. 우수한 반도체 전문 인력 양성과 집중적인 연구개발이 필요하다. 이를 위해 연구개발 전용 팹이 운용되어야 하며, 웨이퍼 투입은 그간의 보수적인 입장을 탈피해 최대한 개방적으로 진행되어야 한다.

디지털 세상에서 통용되는 수많은 데이터 처리와 인공지능 서비스를 위해 필수적인 데이터센터, 반도체 칩 생산 및 연구개발을 위한 팹 시설은 모두 막대한 전력을 소모한다. 따라서 이런 시설을 가동할 수 있는 전력 생산시설도 뒷받침되어야 한다. 폭을 좀 더 확대하면, 문명의 진보에 따른 전체 에너지 수요 증가를 충당할 수 있는 에너지원 확보도 필수적이다. 전통적인 화석연료, 여러 재생에너지, 수소에너지, 원자핵 에너지 등 다양한 에너지원을 병용하며 에너지 효율 극대화 방법을 찾아야 한다. 핵융합 발전과 같이 초고효율, 환경 친화적이나 기술 개발 난이도가 높은 방식은 지속적인 투자를 통해 기술을 숙성해 나가야 한다. 동시에 인류의 상상력과 집단 지성을 활용해 새로운 에너지원을 발굴하려는 노력도 게을리 하지 말아야 한다. 에너지원의 안정적인 확보야말로 인류 문명의 지속 발전을 위한 필수조건이기 때문이다.

예상되는 에너지 사용량 증가 문제에 대처함에 있어 다른 측면도 심도 있게 고려해야 한다. 다름 아닌 온실가스 배출과 그에 따른 지구 온난화 및 기후 변화 문제이다. 현 수준으로 온실가스 배출량을 관리하면 2050년 탄소중립, 2100년 지구 평균기온 상승 1.5 ℃ 이내 억제 목표를 달성하기 어렵다. 보다 적극적인 국제 공조가 필요하며, 온실가스 배출량 억제 정책과 함께 대기 중 온실가스를 포집하는 실효성 높은 기술 개발과 기술의 현장 적용이 시급히 이루어져야 한다. 지구는 인류의 소중한 터전이고, 인류 문명의 발달 속도로 미루어 2100년까지 다수의 인류가 지구 밖 행성으로 이주하는 것은 어려워 보이기 때문이다.

지속적인 기술 개발과 함께 공동체 의식 회복도 필요하다. 개개인이 소속된 직능집단부터 지역사회, 국가사회, 크게는 국제사회에 이르기까지 공동체 의식은 점점 퇴색해 가고, 그 자리를 각종 갈등이 메우고 있다. 특정 개인, 지역 또는 국가만 생존하는 건 지속 가능하지 않을뿐더러 행복을 보장하지도 않는다. 위에서 언급한 다양한 도전에 대한 대처와 미래 준비를 위해서도 국제 협력은 필수적이다. 지구 온난화 문제 대처를 위해서도 그렇고, 혁신적인 에너지원 개발을 위해서도, 전 지구 평균 생산성 향상을 위해서도, 그리고 국제 분쟁을 완화하기 위해서도 그렇다. 모든 일에 명암이 있듯이, 인류가 축적해 온 기술과 문명은 우리를 풍요롭고 편리하게 만들었지만 공동체 의식 약화와 개인과 집단 이기주의에 기여한 측면이 있다. 정보기술을 포함한 첨단기술, 에너지 생산력, 경제력의 지역, 국가 간 편차가 심해질수록 국내 갈등과 국제 분쟁 요인도 함께 증가하는 것이 일반적이다. 기술과 문명이 고도화될수록 전 지구적 파급이 빠르고 강하다. 이 자연스러운 흐름을 차단하기보다 문명 진보의 동인으로 활용하는 것이 훨씬 현명하다. 낙후된 다수의 고도화는 문명의 진보를 위한 추가 동력과 하모니를 제공할 것이다. 지구촌은 과거에 비해 많이 좁아졌다. 심리적 경계는 사라지고 있다. 문명의 진보 경로에서 관찰되는 가속도를 유지·증진하기 위해서도 지구 공동체의 집단 지성과 공동 의지가 요청된다.

공동체 의식은 고속 질주하는 문명의 어두운 그림자를 지우고 갈등 요인을 지속 가능한 발전 동인으로 전환하는 데 큰 역할을 할 것이다.

정보, 에너지 그리고 문명의 진보

초판 인쇄 | 2025년 3월 2일
초판 발행 | 2025년 3월 5일

지은이 | 노 진 서
펴낸이 | 조 승 식
펴낸곳 | (주)도서출판 **북스힐**

등 록 | 1998년 7월 28일 제22-457호
주 소 | 서울시 강북구 한천로 153길 17
전 화 | (02) 994-0071
팩 스 | (02) 994-0073

홈페이지 | www.bookshill.com
이메일 | bookshill@bookshill.com

정가 15,000원

ISBN 979-11-5971-675-1

Published by bookshill, Inc. Printed in Korea.